orando como jesus

Publicações
Pão Diário

Prefácio por
Pr. Paschoal Piragine Jr.

40 dias orando como Jesus

Livro
Devocional

Dia a Dia com Deus, 40 Dias Orando Como Jesus
© 2012 Primeira Igreja Batista de Curitiba
Editado e publicado com a colaboração de Publicações Pão Diário sob acordo especial com a Primeira Igreja Batista de Curitiba.

Coordenador do projeto: Marcílio de Oliveira
Autores: Alexandre Sombrio, Arnaldo Müller Jr., David Fehrmann, Elisiane R. Pescini, Elly Claire J. Lopes, Franco Iacomini, Haroldo Portugal, José E. Menegatti, Kate B. Zaqui, Ingo Zwiener, Marcílio de Oliveira, Romildo Prazeres
Edição e coordenação editorial: Franco Iacomini
Revisão: Rita Rosário, Thaís Soler
Produção editorial: David Fehrmann
Projeto gráfico: Audrey Novac Ribeiro
Capa: Israel Lessak, Wesley Senna Cortes

Dados Internacionais de Catalogação na Publicação (CIP)

Diversos autores — Curitiba/PR
Dia a Dia com Deus, 40 Dias Orando Como Jesus — Curitiba/PR
Publicações Pão Diário.
1. Devocional   2. Estudo Bíblico
3. Evangelismo   4. Salvação

Proibida a reprodução total ou parcial, sem prévia autorização, por escrito, da editora.
Todos os direitos reservados e protegidos pela Lei 9.610, de 19/02/1998.
O texto inclui o acordo ortográfico conforme Decreto n.° 6.583/08.

Exceto quando indicado no texto, os trechos bíblicos mencionados são da edição Nova Versão Internacional © 2001 da Editora Vida

Publicações Pão Diário
Caixa Postal 4190,
82501-970 Curitiba/PR, Brasil
publicacoes@paodiario.org
www.paodiariopaodiario.com.br
(41) 3257-4028

Código: R9904
ISBN: 978-1-60485-587-6

1.ª edição: 2012
2.ª impressão: 2017

Impresso na China

Sumário

Prefácio   7

Semana 1 — Por que orar?
    Porque quem recebe e ouve a oração é Deus
1. Você sabe com quem está falando?   12
2. Sempre ao seu lado   15
3. Senhor do Reino   19
4. Acima de tudo   22
5. Ele já está lá   26
6. Santo, Santo, Santo   29
7. Ele é diferente!   32

Semana 2 — Como orar?
    Tornando-se íntimo de Deus!
8. Confiança & Intimidade   36
9. Em busca de Deus   39
10. Do jeito certo   42
11. Com o coração   45
12. Ideias distorcidas   48
13. Não fiquem repetindo   51
14. Confiança   54

Semana 3 — O que orar?
    Levando a Deus as suas necessidades
15. Você pode pedir   58
16. Quem, eu?   61
17. Nas aflições   64
18. Quem quer pão?   67
19. Com que roupa?   70
20. Para passar no teste   73
21. É uma guerra   76

Semana 4 — O que orar?
 Apresentando a Deus os seus relacionamentos
- 22. Amargura — 82
- 23. Pedra, areia e irritação — 85
- 24. Os antissociais — 88
- 25. Individualismo & Arrogância — 91
- 26. Quem é o juiz? — 94
- 27. Sem palavras — 97
- 28. Sobre motivações — 100

Semana 5 — O que orar?
 Comprometendo-se com o Reino de Deus
- 29. Pode ser melhor — 104
- 30. Quem influencia quem? — 108
- 31. Construção — 111
- 32. Ovelhas perdidas — 114
- 33. Ouça a brisa — 117
- 34. Sobre cristãos e cadeiras — 120
- 35. Da empresa para as pessoas — 124

Semana 6 — Os segredos da oração
- 36. Quero mais! — 128
- 37. Fé sem *fast food* — 131
- 38. Orando como Jesus — 134
- 39. Um segredo desvendado — 137
- 40. Contatos imediatos — 140

Diário de oração — 143

Prefácio

Dia a dia com Deus

40 dias orando como Jesus

Viver dia a dia com Deus tem sido meu desejo desde o final da infância quando descobri que Deus pode falar conosco. Foi a experiência mais tremenda de minha vida: orar e perceber que Deus responde nossa oração. Ainda neste tempo pude ler sobre as histórias dos avivamentos e fiquei maravilhado com a forma como tantos homens e mulheres viveram a intimidade com Deus de maneira a impactar nações e gerações até os nossos dias. Foi a partir daí que decidi dedicar minha vida para que o avivamento de Deus fosse experimentado em nosso país. Aprendi ao longo dos anos que não podemos produzir um avivamento, mas que podemos criar um ambiente favorável para que Deus o derrame sobre nossas vidas. Esse ambiente é a vida de oração!

Nos últimos anos tenho participado de muitos encontros de pastores e líderes eclesiásticos e pesquiso sobre a vida de oração. Faço uma pergunta simples: quantos de vocês investiram ao menos 15 minutos por dia em tempo de leitura bíblica e oração nos últimos sete dias, continuamente? A resposta é surpreendente e assustadora. Não mais do que 15% tem o momento devocional como hábito diário. Diante disso, faço-lhes outra pergunta: se os líderes espirituais não buscam a Deus diariamente, o povo de Deus o fará?

O propósito deste livro é ajudar você a descobrir que viver todos os dias com Deus é descobrir a alegria de encontrar-se com o Deus de amor e descobrir Seu poder, Sua graça e Seu propósito para nossas vidas. A principal forma para isso é buscá-lo em um relacionamento íntimo e sincero por meio da oração. Por intermédio dela, temos acesso ao trono da graça e temos audiências com o Senhor de todo o universo. Nosso exemplo maior é o próprio Senhor Jesus, que orava sem cessar pedindo, agradecendo, recebendo força e direção para Sua vida e ministério. Deus tem prazer em ouvir e atender suas orações. Suas respostas a nós trazem satisfação para a vida. Para que isso seja uma verdade em sua vida, será preciso assumir alguns compromissos:

- Separe um tempo diário para se encontrar com Deus — nesses 40 dias vamos aprender com Jesus como deve ser a nossa oração. Para isso, encontre um tempo e local tranquilo, dedique esse momento como seu compromisso mais importante do dia e converse com Deus! Conte a Ele as suas dores, dificuldades e sonhos. Silencie durante algum tempo a fim de que Ele possa falar a você.
- Leia um capítulo por dia e trabalhe junto ao livro — cada capítulo traz uma nova lição uma reflexão. Nas páginas finais, você tem um espaço para escrever seus pedidos de oração e registrar as respostas de Deus. Esses registros o ajudarão a ver como Deus se revelará a você e lhe darão forças para seguir dia a dia.
- Participe de um grupo de oração e estudo bíblico — esse é um desafio importante para você. As células ou pequenos

grupos são reuniões de uma hora e meia onde você fará boas amizades com pessoas que têm o mesmo propósito: encontrar-se com Deus e receber dele direção para a vida. Ali você terá a oportunidade de fazer suas perguntas e por meio da troca de experiências e do estudo da Bíblia, encontrará apoio e um novo vigor em sua busca por Deus nesses 40 dias.

- Escolha 10 pessoas pelas quais você vai orar — a oração não precisa ser um tesouro para se esconder. Na verdade, essa descoberta precisa ser compartilhada com outros. Imagine seus amigos e família aprendendo a buscar, conhecer a Deus e experimentar o Seu favor? Quantas mudanças poderiam acontecer? Entre em contato com eles, diga-lhes que está participando de um tempo especial de oração e que gostaria de conhecer seus pedidos para entregá-los a Deus. Se tiver mais intimidade, aproveite para convidá-los a um grupo de oração durante a semana. No final da campanha, contate-os novamente e pergunte-lhes o que Deus fez. Você se surpreenderá! Afinal, Deus é bom! Lembre-se de convidá-los a ir à igreja com você e participar de um culto.

Minha oração é que nesses 40 dias o seu tempo de oração seja o momento mais especial de cada dia. Que você tenha a oportunidade de conhecer o Deus verdadeiro; cheio de amor e graça, e que pelo Seu poder, a sua vida, a vida de seus amigos e familiares sejam realmente transformadas para melhor. Boa leitura!

—Pastor Paschoal Piragine Jr.

Semana 1

Por que orar?

Porque quem recebe e ouve a oração é Deus

Versículo para decorar:

...porque teu é o Reino, o poder e a glória para sempre. Amém (Mateus 6:13).

1
Você sabe com quem está falando?

Certa vez Jesus estava orando em particular, e com ele estavam os seus discípulos; então lhes perguntou: "Quem as multidões dizem que eu sou?" (Lucas 9:18).

IMAGINE QUE VOCÊ ESTÁ em casa, à noite, sozinho. O telefone toca. Você pega o aparelho e começa a falar — e fala *pra* valer, bastante, sem dar tempo para seu interlocutor. Conta os seus problemas, repete algumas frases avulsas e, depois de uns dois ou três minutos, desliga. Nem mesmo pergunta quem ligou. Maluquice?

Pode ser, mas é o que muita gente faz, quando o assunto é oração.

Quando se trata de oração, as comparações com os meios de comunicação são frequentes. "Oração é o telefone do céu", dizem alguns. "É um bilhete que nós mandamos para Deus", comentam outros. No filme *O Todo Poderoso*, o personagem de Jim Carey recebe (e responde!) as orações das pessoas por *e-mail*.

Em comum entre todas essas imagens está a ideia de uma comunicação de mão dupla. Ninguém compara a oração com a TV: um programa de televisão é transmitido por uma emissora e aos telespectadores só cabe assistir. Já a linha direta que temos com Deus está sempre aberta, nos dois sentidos.

Mas você sabe com quem está falando? O que você conhece sobre Deus, aquele que está do outro lado da linha, a quem você confia suas inquietações e desejos mais ocultos? Em que as respostas dele podem transformar sua vida?

A própria Bíblia ensina muito sobre isso. Esse conhecimento está espalhado por todos os livros que a compõem, e muitas obras já foram escritas sobre esse tema, conhecido pelos teólogos como a doutrina bíblica de Deus.

A boa notícia é que não é preciso recorrer a toda essa literatura para entender o suficiente a respeito do caráter e dos atributos de Deus. Ele próprio deixou indicações práticas a respeito. No que se refere à oração, várias dessas dicas estão no livro de Mateus 6:5-15, em que Jesus ensina aos discípulos a oração modelo, conhecida como Pai Nosso. Esse trecho é a principal referência deste livro, embora não seja a única.

As indicações mais claras a respeito da pessoa de Deus nesse trecho estão bem no finzinho, na segunda parte do versículo 13: "...porque teu é o Reino, o poder e a glória para sempre..." Sim, o Deus que ouve as orações é o mesmo que criou e dirige o universo. É a Sua mão poderosa e amorosa que socorre o homem e a mulher necessitados. E você, quer saiba ou não, será sempre necessitado da Sua bondade.

A Palavra de Deus é clara quando explica que o encontro com Deus, por meio de Jesus Cristo, tem a capacidade de transformar a vida das pessoas. No livro de Efésios 2:1-3, o apóstolo Paulo explica como o indivíduo sem Cristo vive segundo seus próprios desejos e pensamentos. "...Como os outros, éramos por natureza merecedores da ira", escreve. A humanidade, portanto, estava sujeita ao castigo de Deus — mas os planos dele eram diferentes. "Todavia, Deus, que é rico em misericórdia, pelo grande amor com que nos amou, deu-nos vida com Cristo, quando ainda estávamos mortos em transgressões — pela graça vocês são salvos", dizem os versículos 4 e 5.

O jogo virou. Alcançadas por Jesus, pessoas que estavam condenadas agora podem fazer parte da família de Deus (é o que diz um pouco mais adiante, ainda em Efésios 2:19). Deus — aquele que detém o Reino, o poder e a glória; o mesmo que dá ordens à manhã e mostra à alvorada o seu lugar (Jó 38:12) — moveu recursos nas esferas espirituais em favor de um punhado de humanos miseráveis. O Grande Deus!

O indivíduo que se dá conta dessa realidade não resiste a voltar-se para o Senhor que o salvou. O mesmo Paulo escreve sobre isso no livro de Romanos 14:8: "Se vivemos, vivemos para o Senhor; e, se morremos, morremos para o Senhor. Assim, quer vivamos, quer morramos, pertencemos ao Senhor."

Para o crente em Deus, então, o objetivo diário mais importante é fazer a vontade de Deus. E como conhecê-la, se não for por meio da oração?

E agora?

Se você está lendo este livro, é possível deduzir que está disposto a modificar e melhorar sua rotina de oração. Quer uma sugestão? Antes de começar, experimente refletir um pouco sobre Deus. Afinal, é Ele quem está do outro lado da linha. Para conduzir sua meditação, leia o Salmo 104.

2

Sempre ao seu lado

Que diremos, pois, diante dessas coisas? Se Deus é por nós, quem será contra nós? (Romanos 8:31).

Depois da ressurreição e ascensão de Jesus, a Bíblia conta que os discípulos estavam reunidos em Jerusalém, aguardando o cumprimento de uma promessa feita por Jesus pouco antes de subir ao céu. Ele disse: "…receberão poder quando o Espírito Santo descer sobre vocês, e serão minhas testemunhas em Jerusalém, em toda a Judeia e Samaria, e até os confins da terra" (Atos 1:8).

Poder é a palavra-chave. As pessoas estão sempre atrás dele. Quase sempre elas têm as melhores intenções. Infelizmente, para cada caso de poder usado para o bem há inúmeras situações em que ele serve para fazer o mal. "O poder corrompe", diz o ditado, e as evidências do cotidiano indicam que ele costuma estar certo.

Essa máxima só vale para essa superioridade nas relações humanas que costumamos chamar de poder. Normalmente ele tem origem hierárquica ou está relacionado ao controle de algum recurso ou insumo de que outras pessoas podem precisar. O poder de Deus nunca pode ser usado para o mal.

O homem é constantemente influenciado pelo pecado, e por isso é corrompido. Deus, imune a qualquer influência, é perfeitamente bom. "Pois a palavra do Senhor é verdadeira; ele é fiel em tudo o que faz. Ele ama a justiça e a retidão; a terra está cheia da bondade do Senhor", diz o livro de Salmo 33:4-5.

Deus é perfeitamente bom, e Todo-poderoso. Ele ama a humanidade. A promessa de que os discípulos receberiam poder vindo do Espírito Santo é uma demonstração clara de que o poder de Deus pode ser manifesto na vida de cada cristão. Só isso já seria motivo suficiente para orar sem cessar.

Há, entretanto, quem escolha ter com Deus um relacionamento de interesse. Essas pessoas aproximam-se de Deus porque acreditam que isso lhes permitirá alcançar os seus objetivos, mediante algum tipo de manipulação de Deus. Não se engane — isso não é possível. Ao contrário: homens e mulheres de fé aproximam-se de Deus para fazerem a vontade dele. O cristão adora a Deus pelo que Ele é, não pelo que Ele pode fazer em seu benefício.

Apesar disso, a vontade de Deus sempre é benéfica. Nenhum cristão duvidaria do poder de Deus, ou da Sua bondade, mas nem sempre as suas orações demonstram a confiança que o Todo-poderoso merece. O pastor Loren Cunningham, fundador da organização *Jovens com Uma Missão* (Jocum), conta uma história interessante sobre confiança. Ele estava fazendo uma série de conferências numa cidade, e um dos seus assuntos era o dízimo e sua importância. Após o culto, um homem o procurou, dizendo que tinha muitos problemas com a ideia do dízimo. Mês após mês, ele fazia suas contas e dizia a si mesmo que, se desse o dízimo, não seria capaz de honrar seus compromissos financeiros.

Depois de ouvi-lo, o pastor pegou um cartão e escreveu o número de seu telefone no verso. Entregou-o ao homem e disse que, se alguma vez Deus o deixasse passar por dificuldades financeiras por ter dado o dízimo, ele mesmo depositaria em sua conta o valor referente ao dízimo. Passados alguns anos, os dois se reencontraram e o homem, alegre, contou a Cunningham que vinha dando o dízimo desde o dia em que recebera o cartão, e nunca lhe faltou sustento. Ao que o pastor respondeu: "Que pena que você confiou mais no cartão que eu lhe dei do que nas promessas feitas pelo Deus Todo-poderoso."

Para alguns, é mais fácil acreditar no poder da medicina, da influência ou do dinheiro do que em Deus. Não quer dizer que Deus não possa usar cada um desses recursos para abençoar Seus filhos. Eles podem ser instrumentos do poder de Deus, mas nunca a própria fonte de poder. Deus é bom e é poderoso e — mais importante — Ele está sempre ao lado dos Seus filhos.

Releia o versículo que abre este capítulo. "...Se Deus é por nós, quem será contra nós?", diz o texto. Que aliado pode ser mais eficiente do que Ele? A continuação do versículo traz verdades igualmente poderosas: "Aquele que não poupou seu próprio Filho, mas o entregou por todos nós, como não nos dará juntamente com ele, e de graça, todas as coisas?" (Romanos 8:32).

Tudo aquilo que precisamos para uma vida plena e alegre, Ele já preparou. Basta pedir.

E agora?

A reação dos discípulos face à promessa de poder feita por Jesus foi de se reunirem, e orarem (Atos 1:14). Eles oraram até que o Espírito Santo fosse derramado sobre eles. Talvez você pense que eles não tinham muita opção, já que o grupo era pequeno e perseguido pelas autoridades da época. Mas a verdade é que eles vivenciaram o maior milagre da história, a ressurreição de Jesus. Tinham sido testemunhas oculares da manifestação do poder de Deus e estavam ansiosos por experimentar esse poder em suas vidas.

E você? Com qual grau de ansiedade espera pelo poder de Deus em sua vida? As demonstrações de cuidado e de bênçãos que você já recebeu do Senhor ao longo da sua história têm motivado você a orar por demonstrações e bênçãos ainda maiores? Lembre-se de que nada que você pedir será grande demais para Deus.

3
Senhor do Reino

Vocês me chamam "Mestre" e "Senhor", e com razão, pois eu o sou (João 13:13).

A ÚNICA PALAVRA QUE se repete em todo o Pai Nosso é "Reino". Jesus a usa no começo da oração e no final dela. Em ambas as situações para deixar claro que o nosso Deus possui autoridade e domínio sobre um reino. Ele é o Senhor de Seu Reino.

A palavra "senhor" tem perdido o seu valor em nossa sociedade. É cada vez menor o número de jovens que se referem aos mais velhos pelos termos "senhor" e "senhora". Mesmo entre os cristãos, tão acostumados a referenciar Deus pelo título de Senhor, muitas vezes o profundo sentido da palavra escapa. A palavra Senhor está diretamente ligada ao conceito de autoridade. Chamar uma pessoa por senhor ou senhora, além de respeitoso, indica um reconhecimento da autoridade conquistada pela idade. Ao chamarmos Deus de Senhor, estamos indicando que reconhecemos Sua autoridade. Mas será que reconhecemos mesmo?

Na antiguidade, o senhor de um território dominava tanto os bens materiais quanto as pessoas que habitavam suas terras. Tinha autoridade de vida e morte. Cada vez que um súdito se ajoelhava perante o soberano, deixava a nuca exposta. Era uma atitude simbólica, uma demonstração de que sua vida estava, literalmente, à disposição do seu senhor.

O primeiro pedido feito por Jesus na oração do Pai Nosso é para que o Reino de Deus venha até nós. É uma espécie de "concordância" para que Deus assuma o comando de nossas vidas. "Venha o teu Reino" é um pedido para que Ele assuma a direção da nossa vida. A oração ganha uma nova dimensão.

Conta-se por aí a história — mais uma ilustração do que um evento real, embora casos como esse devam acontecer com frequência nas igrejas — de um adolescente que começou a orar sobre a mulher que ele queria que Deus lhe desse como esposa. Ele fez uma longa lista com todas as características que, aos seus olhos, seriam importantes numa esposa. Como era de se esperar, a lista continha vários itens de beleza, aptidões culinárias e outras tantas qualidades. À medida que o jovem orava, Deus tocava seu coração para acrescentar outros pontos, e sua lista passava a refletir o caráter de uma mulher temente a Deus. Da mesma forma, vários itens de necessidade questionável eram removidos da sua lista. Passados os anos, com uma lista repleta de correções, com itens riscados e outros acrescentados, o jovem finalmente encontrou aquela que havia sido separada por Deus para ele. A moça preenchia todos os requisitos da lista do rapaz. Mas será que a lista era dele mesmo? Ou será que era a lista de Deus?

Quando um servo se submete à vontade de Deus em oração, o próprio Deus abre seus olhos e muda seus valores, princípios e intenções — suas listas, se você preferir. Infinitamente mais importante do que lutar para que Deus atenda integralmente nossa oração é permitir que Ele molde as orações à luz da Sua vontade.

E agora?

A pergunta é inevitável: Quem é o Senhor da sua vida? A quem você presta contas dos seus atos? Ninguém gosta de justificar seus atos, seja pelo receio de ser exposto, humilhado, seja por não aceitar se submeter a ninguém. Mas Deus não é assim. Ele não nos humilha, Ele nos levanta; Ele não nos oprime, Ele nos liberta.

4
Acima de tudo

...a fim de que nós, os que primeiro esperamos em Cristo, sejamos para o louvor da sua glória (Efésios 1:12).

UMA DAS PALAVRAS DIFÍCEIS de definir na Bíblia é a palavra "glória". O que ela significa realmente?

Na História, geralmente chamamos de período de glória de um império a época de maior poder, expansão, prosperidade e influência. Uma personalidade pública tem seu momento de glória quando obtém maior notoriedade — para um artista, pode ser um papel em uma grande produção; para um esportista, um recorde. São eventos que resultam em exaltação, reconhecimento público.

Mas o que significa a glória de Deus?

Ela também está relacionada a poder, influência e reconhecimento, mas não se limita a isso. Retomando a ideia de reino, desenvolvida no capítulo passado, a glória de Deus está relacionada à Sua majestade. Deus não é o comandante de um reino qualquer, Ele detém o mais poderoso, mais próspero, mais grandioso — enfim, o reino mais majestoso. As descrições bíblicas sobre o céu tentam mostrar isso: um reino cujas portas são feitas de pérolas e pedras preciosas, e ruas de ouro (Apocalipse 21:19-21).

E não é apenas o Reino de Deus que é majestoso, mas principalmente o próprio Deus. Diversas são as passagens bíblicas que afirmam que Ele é digno de toda glória. Nenhum reino humano pode se comparar com a glória de Deus. Nenhuma autoridade humana pode jamais receber glória tal como a que deve ser oferecida a Deus. Ele está acima de tudo e de todos.

Como servos dele, devemos ser os primeiros a reconhecer a glória de Deus. Nossa oração deve demonstrar isso. Geralmente, quando oramos, agradecemos a Deus pelo que Ele tem feito por nós. Isso é bom, mas a Bíblia nos incentiva a louvar a Deus pelo que Ele é, e não apenas pelo que Ele faz.

Quais são as características da personalidade e do caráter de Deus que mexem com o seu coração? Há pessoas que veem Deus como um poderoso General, o Senhor dos Exércitos, sempre pronto a intervir quando necessário. Outros como um amigo próximo, um pai amoroso. Não importa qual é a característica de Deus que mais lhe atrai. Louve-o por isso.

A Bíblia ensina que Deus "habita entre os louvores" (essa expressão aparece no Salmo 22:3, em algumas traduções da Bíblia) e a oração deve refletir essa verdade. Por mais que o louvor seja frequentemente revestido de música, ele não se limita a ela e se mostra também nos momentos de intimidade com o Pai. Orações de louvor pela majestade de Deus, pelo Seu poder, graça e misericórdia devem ser parte integrante da nossa vida de oração.

Há ainda outro aspecto sobre a glória de Deus que merece ser tratado. Quando Moisés abençoou o povo no deserto, ele pediu que o Senhor "…faça resplandecer o seu rosto sobre ti…" (Números 6:25). Deus, na Sua sabedoria, decidiu resplandecer Sua glória sobre nós. O próprio Moisés experimentou fisicamente a glória de Deus resplandecendo sobre ele. Quando Moisés retornou do Monte Sinai trazendo consigo a Lei de Deus, a Bíblia afirma que o seu rosto brilhava (Êxodo 34:29-35). À medida que a oração enche o trono de Deus de louvor, à medida que a intimidade com o Senhor da glória aumenta, Deus faz algo que o homem definitivamente não merece: Ele derrama Sua glória sobre nós e, ainda que não tenhamos nenhum brilho próprio, passamos a refletir um pouco do Seu resplendor. Cada um de nós é a manifestação da glória de Deus.

O escritor norte-americano Brennan Manning, em seu famoso livro *O Evangelho Maltrapilho*, afirma que a maior glória que o homem pode receber é justamente ser reconhecido pela maior autoridade de todas, o próprio Deus. Muito mais importante do que conhecer a Deus, é importante saber que somos conhecidos e reconhecidos por Ele. E este reconhecimento não é consequência de obras ou de trabalhos intensos na igreja, como o próprio Jesus alertou (confira Mateus 7:22,23). É fruto de uma intimidade com o Pai que só a oração pode suprir.

Como um círculo virtuoso, a glória de Deus derramada em nós durante os momentos de intimidade irá se espalhar até pelas coisas mais corriqueiras da vida, como o comer e o beber, e mesmo nesses momentos o nome de Deus será glorificado. Poderemos então louvar como o apóstolo Paulo dizendo que "…dele, por Ele e para Ele são todas as coisas. A Ele seja a glória para sempre! Amém" (Romanos 11:36).

▎E agora?

A Bíblia afirma que todos os nossos dias já são conhecidos por Deus (Salmo 139:16). Ele tem um plano para cada um e não é um plano qualquer. Sendo detentor de toda a glória, Deus não se contenta em criar algo que também não seja revestido de glória. O trabalho, a família, os relacionamentos, tudo isso pode ser revestido da glória por Deus. O primeiro passo para isso é entregar cada uma destas coisas ao Senhor para que, estando debaixo das Suas mãos, Ele possa transformá-las e glorificar a cada uma delas.

Ore a Deus, pedindo que Ele revista de glória cada aspecto da sua vida e da vida dos que estão ao seu redor. Não de glória humana, passageira, mas da glória de ser conhecido e usado por Deus, para a Sua própria glória.

5

Ele já está lá

Respondeu Jesus: Eu lhes afirmo que antes de Abraão nascer, Eu Sou! (João 8:58).

Há uma fase no desenvolvimento de todas as crianças em que elas aprendem a fazer birra ou manha. Os pais agem de várias maneiras diferentes para tratar isso e encurtar esta fase. Uma das metodologias, talvez até bem questionável, é fazer pequenas promessas para acalmá-las. Prometem um brinquedo ou um passeio só para que a criança pare de fazer escândalo. Com frequência funciona, e os pais continuam seus afazeres, aliviados. Isso até o momento em que se esquecem da promessa e são prontamente relembrados pelos seus pequenos, que não esquecem nada.

A nossa mente tem o hábito de esquecer. Isso pode ser benéfico, como quando esquecemos mágoas ou traumas passados; ou prejudicial, ao esquecermos uma data de aniversário, até uma promessa feita. E quanto mais nós confiamos nas pessoas, maior é a frustração quando uma pessoa esquece algo que nos prometeu.

Deus não é assim. Ele não se esquece do que nos prometeu. Ele não nos deixa frustrados por não se lembrar do que disse ontem. E a razão disso não é uma memória prodigiosa, mas a Sua própria natureza eterna. A Bíblia nos diz que "Jesus Cristo é o mesmo, ontem, hoje e para sempre" (Hebreus 13:8). Ou, de outra forma, que dele "...é o Reino, o poder e a glória para sempre..." (Mateus 6:13).

Durante uma das várias confrontações entre Jesus e os fariseus, registrada ao longo do capítulo 8 de João, Jesus por três vezes fala de si mesmo de uma forma diferente. No versículo 58, por exemplo, Jesus afirma que: "...antes de Abraão nascer, Eu Sou!". Deliberadamente Jesus utiliza um tempo verbal distinto para falar de si mesmo. Os fariseus olhavam para o passado, para o exemplo deixado pelos patriarcas Abraão e Moisés, mas Jesus afirma que, antes de qualquer patriarca ter nascido, Ele já existia. E depois que todo o mundo passar, Ele continuará existindo. Para Ele, o passado e o futuro se conjugam no presente.

Orar a um Deus que trata o passado, o presente e o futuro da mesma forma produz um misto de sentimentos. Primeiro surge a confusão. Como pode ser isso? Como pode Deus estar em todos os tempos, ao mesmo tempo? Provavelmente nunca saberemos a resposta. Depois, aos poucos, vem a confirmação desta verdade. À medida que os planos dele se concretizam, podemos perceber que Ele não se limita a conhecer o futuro, mas age diretamente para que o futuro planejado por Ele se realize. E isso produz em nós o principal sentimento a este respeito: esperança.

As promessas que Deus nos deu ao longo da nossa vida podem ter sido esquecidas por nós, mas Ele não as esquece. Ele nos dá sonhos. Sonhos que a correria cotidiana se encarrega de encobrir, mas que não estão encobertos aos olhos dele. O mesmo Deus que tirou Israel do Egito com grandes sinais e prodígios continua realizando sinais hoje. O mesmo Deus que atendeu ao pedido de Salomão por sabedoria (1 Reis) continua ouvindo as orações hoje.

O livro de Juízes 6–8 destaca a história de Gideão. A Bíblia relata que esse homem era muito inseguro, com muitas dúvidas sobre si e sobre o futuro de sua terra, que na época estava sendo duramente atacada por outros povos. Quando Deus se encontra com Gideão, Ele o chama de "poderoso guerreiro" (Juízes 6:12). A resposta de Gideão é a mesma que tantos dão com frequência: ceticismo. Ele duvida que seja poderoso, já que pertencia à menor das famílias de Israel, duvida que Deus esteja realmente cuidando da nação, visto que o povo estava sofrendo com seus inimigos. Gideão duvida de tudo. Mas Deus já conhece o futuro e, ao longo de todo o capítulo 6, Deus prepara o coração e a mente de Gideão para o futuro que Ele havia preparado: tornar Gideão realmente um poderoso guerreiro.

Deus não apenas conhece o futuro. Na verdade, Ele já está lá. Cada promessa que Ele nos deu será firmemente concretizada. Pode demorar uma semana ou uma década, mas Ele vai realizar.

E agora?

Quando oramos, Deus permite que vislumbremos os Seus sonhos para o nosso futuro. A oração não é apenas o ato de falar com Deus, mas também o de ouvir. Quando Jesus afirma que já existia quando Abraão nasceu, além de afirmar ser eterno, Jesus também está afirmando que Seus planos remontam aos patriarcas de Israel. Os planos de Deus para cada um de nós já incluíam nossos pais e se estendem por toda a nossa vida. E você sabe quais são estes planos? Que tal fazer esta pergunta simples a Deus? Deixe-o abrir seus olhos como fez com Gideão e permita que Ele o use para mudar a sua realidade.

6

Santo, Santo, Santo

...pois está escrito: "Sejam santos, porque Eu sou santo"
(1 Pedro 1:16).

Deus é bom. É poderoso. Ele reina sobre nós com glória e majestade. E Ele também é santo.

A Bíblia fala com muita frequência da santidade de Deus — veja, por exemplo, Salmo 78:41; Salmo 99:9; Isaías 6:3; 47:4; Lucas 1:49. O Pai Nosso diz: "Santificado seja o teu nome." Você sabe o que isso significa?

Em geral, a imagem que vem à mente das pessoas quando leem ou ouvem a palavra *santo* está ligada a uma pessoa humilde, caridosa, mansa e altruísta. Realmente, a Bíblia descreve alguns personagens com essas características, mas em nenhum momento ela afirma que comportar-se assim torna alguém santo.

No contexto bíblico, a expressão *santo* significa, literalmente, *separado*. Ao afirmar que Deus é santo, portanto, a Escritura quer dizer que Ele tem qualidades superiores a todas as outras coisas — Ele está separado, tem uma natureza distinta e superior ao resto. É importante ter isso em mente, porque algumas filosofias defendem que Deus está presente em todas as coisas criadas, misturando-se e até se fundindo com elas. A Bíblia, no entanto, separa claramente Deus das coisas que Ele criou: "O céu é o meu trono, e a terra, o estrado dos meus pés..." (Isaías 66:1).

Santidade é também a parte do caráter de Deus que não lhe permite aceitar o pecado. "Teus olhos são tão puros que não suportam ver o mal; não podes tolerar a maldade" diz o livro do profeta Habacuque 1:13.

Quando o apóstolo Pedro relembra à Igreja sobre a necessidade de ser santo, no versículo que abre este capítulo, ele quer transmitir o princípio de que o cristão também não deve ter tolerância com o pecado. O caminho para a santidade passa inicialmente por um sentimento de rejeição total ao pecado — não ao pecado dos outros, o que poderia levar a atitudes preconceituosas, mas à sua própria falha — e depois por uma entrega completa a Cristo, para que Ele nos separe do pecado. Este processo, que a Bíblia chama de santificação, deve ocorrer diariamente na vida do cristão.

Uma analogia muito interessante compara a santificação à limpeza de um jardim. Em uma vida sem Cristo, um homem acumula muita sujeira, que são como pedras no jardim do seu coração. Algumas delas são maiores que as outras, indicando os pecados que são gritantes no momento da sua conversão. Uma a uma, estas grandes pedras devem ser retiradas. Quando o jardim estiver limpo delas, o homem perceberá outras, menores, que não havia notado por causa das pedras maiores. Ele começa então a limpar o jardim das pedras menores, e depois outras pedras ainda menores se tornam visíveis, e assim por diante, num processo que dura a vida inteira.

Quando se permite a atuação do Espírito Santo, Ele começa a identificar e tratar os pecados que estão atrapalhando a comunhão plena com o Pai. Depois que esses pecados forem sanados, outros serão tratados. A libertação de cada pecado torna o cristão mais santo, ou seja, mais distante do pecado e mais separado para Deus.

Tudo começa, entretanto, pelo conhecimento da pessoa de Deus. Quem ouve suas orações e as responde é alguém santo. Não está contaminado pelos mesmos medos, rancores e preconceitos a que nós, humanos, estamos sujeitos. Deus é perfeito e, sendo assim, poderia muito bem cortar relações com pecadores como nós. Não faz isso porque nos ama como um pai — mas esse já é o assunto do próximo capítulo.

▌ E agora?

Você quer ser moldado? A santificação com frequência vai exigir a entrega de áreas sensíveis da vida a Deus para serem tratadas, a confissão dos pecados mais íntimos. Isso assusta. Mas a Bíblia promete que o Espírito Santo vai nos ajudar até para enfrentar o medo de nos abrirmos para Deus. É preciso apenas um passo de fé e pedir a ajuda dele: "Entregue o seu caminho ao Senhor; confie nele, e ele agirá" (Salmo 37:5).

7
Ele é diferente!

Porque Deus tanto amou o mundo que deu o seu Filho Unigênito, para que todo o que nele crer não pereça, mas tenha a vida eterna (João 3:16).

NA MITOLOGIA GREGA, o deus Cronos devorava todos os seus filhos, para evitar que algum deles se rebelasse e usurpasse seu poder. Nas lendas babilônicas, Apsu era o pai da maioria dos deuses, mas planejou matá-los por sua desobediência. Na tradição egípcia, Re, o deus criador, enraiveceu-se com a humanidade e enviou Sekhmet, divindade da guerra e da destruição, para acabar com ela.

Assim eram as divindades em quem criam alguns dos contemporâneos de Jesus, dos profetas e dos patriarcas citados na Bíblia. Que diferença entre esses e o Deus que se revela nas Escrituras!

Deus é amoroso, e essa característica faz toda a diferença. Quando você ora, suas petições sobem aos céus e chegam ao Todo-poderoso. Na Bíblia, Ele é chamado de formas diferentes — Deus Altíssimo, Senhor dos Exércitos — e descrito como aquele que conhece a lei dos céus e faz surgir as constelações (Jó 38:31-33).

Jesus, no entanto, nos ensina a chamar essa divindade poderosa e temível de pai. "Pai nosso, que estás no céu!" (Mateus 6:9) é o início desta oração, a mais repetida de todas as preces, modelo para todos os cristãos.

Para Cristo, essa fórmula de oração era natural — afinal, Ele é mesmo Filho de Deus. Mas, e quanto a nós?

O evangelho de João explica bem essa situação. Em sua introdução, quando apresenta Jesus como pessoa divina, presente desde a criação do mundo, ele diz o seguinte: "Aquele que é a Palavra estava no mundo, e o mundo foi feito por intermédio dele, mas o mundo não o reconheceu. Veio para o que era seu, mas os seus não o receberam. Contudo, aos que o receberam, aos que creram em seu nome, deu-lhes o direito de se tornarem filhos de Deus, os quais não nasceram por descendência natural, nem pela vontade da carne nem pela vontade de algum homem, mas nasceram de Deus" (João 1:10-13). E há inúmeras outras passagens na Bíblia em que o tema é tratado. Quando puder, dê uma olhada nos livros de: Romanos 8:12-17, Gálatas 3:26-29, Filipenses 2:14-16 e 1 João 3:1-3.

Em certa ocasião, Jesus afirmou que deveríamos ser humildes como crianças para entrar no Reino dos Céus (Mateus 18:2). E é assim mesmo. Nós somos Seus filhos, e Deus nos ama a ponto de nos dar atenção total quando o buscamos — da mesma forma que os pais humanos param para ouvir o que seus filhos têm para contar. Cada vez que oramos, Ele nos ouve. Não importa se estivermos orando por uma cura milagrosa ou apenas pedindo uma opinião sobre a roupa que vestimos. Ele está sempre atento à nossa voz.

▌ E agora?

Ao longo dos últimos capítulos, você leu sobre algumas características de Deus que são refletidas em nós. O poder de Deus que nos capacita, a glória de Deus que brilha em nós, a santidade de Deus que nos incentiva a sermos cada dia mais santos e, finalmente, o Pai amoroso, pronto para nos abençoar. Cada aspecto de Deus produz uma mudança no homem, visando tornar os filhos mais parecidos com o Pai na forma de pensar e agir. Jesus começou e terminou o Pai Nosso louvando a Deus. Faça o mesmo agora. Antes de pedir qualquer coisa, peça que o Seu Reino venha sobre você, e não termine sua oração sem louvá-lo por Sua majestade, santidade e poder.

Semana 2

Como orar?

Tornando-se íntimo de Deus!

Versículo para decorar:

Mas quando você orar, vá para seu quarto, feche a porta e ore a seu Pai, que está em secreto. Então seu Pai, que vê em secreto, o recompensará (Mateus 6:6).

8

Confiança & Intimidade

Mas Jesus chamou a si as crianças e disse: "Deixem vir a mim as crianças e não as impeçam; pois o Reino de Deus pertence aos que são semelhantes a elas" (Lucas 18:16).

UM DOS TRECHOS BÍBLICOS que mais destacam a grandeza de Deus afirma que Ele "...se levanta para julgar os povos" (Isaías 3:13). Ele não julga apenas as pessoas, mas as próprias nações — as sociedades, seus valores culturais e morais. É possível imaginar a cena: Deus, como justo juiz, está em Seu tribunal e diante dele está cada uma das nações da terra. Com certeza será um momento de muita tensão. De um lado, o Senhor, que conhece as intenções dos corações. E do outro lado, os povos, tentando justificar sua cultura, seus princípios.

Agora imagine que, neste momento de juízo solene, as portas do tribunal se abrem e surge uma criança.

Ela entra, olha para os lados, procurando alguém. Quando vê o juiz, ela abre um largo sorriso e corre em sua direção, carregando uma folha de papel. À medida que se aproxima, ela começa a gritar de excitação: "Papai, papai!" Ao chegar ao juiz, sem nenhuma cerimônia, pula em seu colo. As nações que estão sendo julgadas ficam sem ação, aguardando o que irá acontecer com essa criança que ousa interromper um momento como esse. Mas a reação do juiz surpreende a todos. Ele se levanta do seu posto, dá alguns passos com a criança ainda no colo, senta-se no chão com ela e diz:

— Filhinho, o que você tem aí?

— É um desenho de nós dois empinando pipa — responde a criança.

O juiz dá uma risada e, sem se importar com o julgamento, passa a conversar animadamente com a criança.

A essa altura você deve ter entendido o recado — afinal, o capítulo passado já tratou disso. Sim, você é essa criança.

Com frequência vamos a Deus temerosos da Sua reação. Tentamos escolher palavras que irão agradá-lo ou até buscar alguém que fale por nós. A santidade de Deus exige, sim, que sejamos respeitosos. O temor de Deus está em falta em nosso meio, e nossa vida seria muito melhor se reaprendêssemos a temer a Deus. Mas a lição aqui é a ousadia da criança — uma ousadia que vem da intimidade.

Jesus chocava Seus ouvintes quando se referia a Deus como *Aba* (Marcos 14:36), uma palavra que significa pai, mas num sentido muito mais íntimo — como se fosse "papai" ou "paizinho". Essa é a relação que Ele quer ter conosco, como atesta o apóstolo Paulo no livro de Romanos 8:15: "Pois vocês não receberam um espírito que os escravize para novamente temerem, mas receberam o Espírito que os adota como filhos, por meio do qual clamamos: *Aba*, Pai".

Muitas vezes a oração do Pai Nosso se torna tão formal, tão conhecida, que esquecemos que Deus é realmente o nosso Pai.

Para as nações, Ele é o Senhor de toda a terra. Para nós, Ele é o Papai.

E agora?

Veja o que diz o livro de Hebreus 4:16: "Assim, aproximemo-nos do trono da graça com toda a confiança, a fim de recebermos misericórdia e encontrarmos graça que nos ajude no momento da necessidade."

Esse trecho fala de Jesus — a respeito da maneira que Ele viveu, das tentações que sofreu na terra e como se manteve sem pecado. É Jesus quem nos garante acesso à sala do trono de Deus. É graças a Ele que também podemos chamar a Deus de papai, como diz o livro de João 1:12,13. Você já pensou sobre isso?

O texto diz que "…aos que creram em seu nome, deu-lhes o direito de se tornarem filhos de Deus". Você já tem esse direito? Se não, ore agora, confessando a Deus que você reconhece Jesus como seu Salvador e Senhor.

Se você já fez essa oração, aproveite para adorar a Deus por esse presente tão extraordinário.

9

Em busca de Deus

Eu lhes disse essas coisas para que em mim vocês tenham paz. Neste mundo vocês terão aflições; contudo, tenham ânimo! Eu venci o mundo (João 16:33).

O QUE AS PESSOAS REALMENTE procuram no relacionamento com Deus? Esperam que Ele lhes garanta felicidade, bem-estar ou conforto? Querem ser preservadas de relacionamentos difíceis, traições ou da insensibilidade por parte de outros?

Em nenhum momento Jesus faz qualquer promessa desse gênero. Pelo contrário, Sua advertência é no sentido oposto: "...Neste mundo vocês terão aflições; contudo, tenham ânimo! Eu venci o mundo" (João 16:33).

Jesus ensina que o relacionamento ideal com o Pai não deve se limitar a buscá-lo depois que todos os outros anseios foram frustrados — como se fosse uma última estratégia para alcançar algum objetivo. Cristo quer que você conheça a Deus e desfrute de satisfação com Ele diariamente. Essa, aliás, é uma lição que está presente em toda a Bíblia. No livro de Filipenses 4:6,7, o apóstolo Paulo fala sobre isso. "Não andem ansiosos por coisa alguma, mas em tudo, pela oração e súplicas, e com ação de graças, apresentem seus pedidos a Deus. E a paz de Deus, que excede todo o entendimento, guardará o coração e a mente de vocês em Cristo Jesus." A partir desse ponto de vista, a busca pela felicidade ganha outra perspectiva, que admite até mesmo os sofrimentos mais intensos.

Todo ser humano experimenta uma espécie de saudade do ideal perdido no paraíso, ansiando por desejos e expectativas não atendidos. Essa saudade somente poderá ser satisfeita depois da morte física, na vida eterna com Deus — lá, a vida será completa, sem falta de coisa alguma. Mas é possível receber do Pai a graça de viver agora em Sua presença, mesmo que o conhecendo apenas em parte.

O teólogo e pastor luterano, Dietrich Bonhoeffer, foi preso em abril de 1943, acusado de desmoralização das Forças Armadas pelo Conselho de Guerra do regime nazista alemão. Seria executado na forca, dois anos depois. Enquanto estava na prisão, separado da família, dos amigos, dos irmãos da igreja, do trabalho e de sua noiva, permaneceu motivado no relacionamento com Deus. Prevendo que não seria mais libertado, ele escreveu em uma carta que pensava "com gratidão nas coisas passadas e presentes". Algumas linhas depois ele ora: "Que Deus nos guie amavelmente em meio a estes tempos, mas principalmente, nos guie até Ele."

▌ E agora?

Hoje você pode começar a viver uma nova dimensão no relacionamento com Deus. Você pode começar cada dia pedindo discernimento e sabedoria para o dia que se inicia. Entre o almoço e o reinício da tarde, você pode pedir a Deus que lhe mostre onde é necessário reposicionar-se. No final do dia, você pode repassá-lo com Deus, pedindo-lhe perdão pelo que for necessário, agradecendo-lhe pelas bênçãos e livramentos. Você também pode falar-lhe sobre as coisas que o preocupam e mexem com você.

10

Do jeito certo

Busquem, pois, em primeiro lugar o Reino de Deus e a sua justiça, e todas essas coisas lhes serão acrescentadas
(Mateus 6:33).

Na relação com Deus, o cristão pode ter sempre a certeza de que suas necessidades mais básicas *sempre* lhe serão providas se ele estiver comprometido com os valores do Reino. É essa a promessa embutida no versículo de abertura deste capítulo. Ela surge no discurso de Jesus chamado de Sermão do Monte, que ocupa os capítulos 5, 6 e 7 do livro de Mateus, e inclui também o Pai Nosso.

O trecho aparece pouco depois da oração conhecida como o Pai Nosso, numa sequência de ensinos bem encaixados: Jesus diferencia o modo de agir dos Seus seguidores em relação aos pagãos, critica o modo como estes se dirigem aos seus deuses, ensina os discípulos a orar, dá-lhes orientações a respeito do jejum e, em seguida, trata de questões ligadas ao dinheiro, para concluir que Deus providencia aos que o amam tudo aquilo que precisam, de modo que é desnecessário preocupar-se com o próprio sustento.

Jesus não disse que essas coisas não seriam importantes ou que não mereciam ser pedidas em oração. Apenas afirmou que não deveriam estar em primeiro lugar. O primeiro objetivo a se buscar é o Reino de Deus. É preciso preencher esse primeiro requisito, e então as portas se abrem. Aí sim, todas as outras coisas serão acrescentadas.

Sejamos mais claros: se você estiver cumprindo a vontade de Deus, tudo ficará mais fácil. Suas necessidades e seus motivos de oração estarão mais *afinados* com o que Ele projeta para a sua vida. Sabe-se que Deus tem um plano para cada um e a Sua vontade é que este plano seja integralmente cumprido em cada vida sobre a terra.

Quem está em sintonia com Ele descobre a validade de uma lei universal, formulada mais de uma vez ao longo da Bíblia, e que faz referência ao cuidado de Deus com os que creem. Compare, por exemplo, esses dois versículos:

- Deleite-se no Senhor, e ele atenderá aos desejos do seu coração (Salmo 37:4).
- Peçam, e lhes será dado; busquem, e encontrarão; batam, e a porta lhes será aberta. Pois todo o que pede, recebe; o que busca, encontra; e àquele que bate, a porta será aberta (Mateus 7:7,8).

O que se aprende desses versículos é que, quando um homem temente a Deus e cheio de fé se dirige a Ele em oração, receberá o que pede. "Tudo o que Deus é e tudo o que Deus tem está disponível por meio da oração", como explicou o pastor norte-americano Reuben Archer Torrey.

Perceba que sua oração não chega a Deus como se fosse uma lista de reivindicações, algo que possa ser negociado. Há algum tempo, um pequeno empresário, membro da Primeira Igreja Batista de Curitiba, estava passando por dificuldades financeiras. Havia comprado uma grande quantidade de mercadorias para revender, mas elas encalharam. Sobraram as dívidas. Para quitá-las, ele tentou vender a sua casa, um barracão comercial e uma chácara, mas os compradores não apareciam. Ele insistiu por mais de um ano, teve de emprestar dinheiro do banco e até de agiotas para pagar seus fornecedores. Mas faltava dinheiro.

"Demorei a perceber que o problema estava na maneira como eu e minha esposa tentávamos resolver o problema", contou, mais tarde. "Por mais que orássemos, não deixávamos Deus agir do jeito dele. Ouvíamos o pastor falar que não se deve dar um jeitinho pra conseguir as coisas, mas era exatamente o que fazíamos." Foi preciso que outra pessoa da igreja apontasse o caminho — ajustar as contas e regularizar o pagamento dos impostos. "Incrível como Deus respondeu rápido. O que estávamos tentando vender havia um ano Deus vendeu em nove dias", relatou. Em pouco tempo, as dívidas estavam extintas. Bastou fazer as coisas à maneira de Deus e as portas se abriram.

E você? Está com o coração no lugar certo?

▍ E agora?

Tire algum tempo para meditar a respeito das orações que você tem endereçado a Deus. Releia os versículos citados neste capítulo e o seu contexto, e submeta a sua lista de oração aos critérios estabelecidos pela Bíblia.

11

Com o coração

Pois onde estiver o seu tesouro, aí também estará o seu coração (Mateus 6:21).

IMAGINE-SE SAINDO DE casa para trabalhar todos os dias no mesmo horário que um vizinho. Morando no mesmo edifício, vocês se encontram de segunda a sexta-feira, pelo curto intervalo de uma viagem de elevador. O que vocês conversariam?

Provavelmente o papo não passaria de algumas generalidades — o tempo, os engarrafamentos, como o elevador demora a essa hora... Conversas vazias, sem profundidade alguma. Você nunca confessaria a ele os seus planos para o futuro ou as dificuldades diárias que enfrenta. Não há intimidade suficiente para isso.

Sem perceber, muita gente pode estar fazendo o mesmo em sua vida de oração. Recitando o Pai Nosso por tradição, como uma mera formalidade — afinal de contas, essas pessoas cresceram ouvindo e vendo a mesma coisa. As palavras são pronunciadas de forma automática. Os lábios se movem, mas seus donos sequer pensam no que estão dizendo.

Nada podia estar mais distante da intenção de Jesus ao ensinar a oração do Pai Nosso. Naquele momento, o objetivo era estabelecer um padrão básico. A partir desse *molde*, os discípulos deveriam reconhecer a importância de dirigir-se a Deus como a um pai, de forma que essa conversa não fosse apenas uma formalidade ou ritual. O Pai Nosso é, portanto, um convite a um relacionamento direto, afetuoso e íntimo.

Ao apresentar o Pai Nosso, Jesus distingue as práticas esperadas do cristão daquelas dos outros povos. A diferença entre uma atitude e outra não está na forma como a oração é feita, mas em quem a escuta. Os pagãos oravam a imagens de deuses feitas de madeira ou pedra. O profeta Oseias já havia falado sobre isso — "Eles pedem conselhos a um ídolo de madeira, e de um pedaço de pau recebem resposta", escreveu (Oseias 4:12). Que tipo de intimidade pode sair daí?

A Bíblia ensina que "...onde estiver o seu tesouro, aí também estará o seu coração" (Mateus 6:21). Assim, é preciso que você ore com o coração, não apenas com a boca. Como está o seu coração para falar diretamente ao Pai? Você está com sede de receber uma mensagem nova e fresca, enviada exclusivamente a você por meio do Espírito Santo de Deus? Então a primeira coisa a fazer é esquecer todas as tradições e mergulhar fundo numa conversa franca.

Jesus o ensina a orar de forma que você possa se comunicar intimamente com o Pai. Durante Seu ministério terreno, Pai e Filho estavam em constante comunicação. Antes de todos os acontecimentos Ele orava; as grandes vitórias que experimentou foram todas precedidas de muita oração. Veja só:

- antes de iniciar seu ministério, foram 40 dias de oração;
- antes de multiplicar os peixes, Ele orou no deserto;
- antes de curar doentes, orou no monte;
- antes de escolher os Doze apóstolos, orou uma noite inteira;

- antes de ser preso, orou no Getsêmani. Assim aprontou-se para a cruz, pois isso também fazia parte do plano do Pai.

Embora fosse o Filho de Deus, se fez homem, despiu-se das Suas habilidades divinas e esteve sempre na dependência do Pai.

Antes de dar qualquer passo importante em sua vida pessoal, profissional ou familiar, experimente submeter-se a Deus em oração. John Wesley, um dos fundadores do grupo que viria a se tornar a Igreja Metodista, disse: "Dê-me uma centena de pregadores que nada temem a não ser o pecado, nada desejem a não ser Deus, e não me importa se são clérigos ou leigos; somente tais pessoas abalarão os portões do inferno e estabelecerão o reino dos céus sobre a terra. Deus nada fez a não ser em resposta à oração."

A oração é a chave para abrir as portas do céu e obter a graça e o infinito poder de Deus. E está ao seu alcance.

E agora?

Você tem investido tempo em oração? De que maneira você tem orado? Qual a sua forma mais franca de falar com o Pai? Dirija-se a Ele agora e confesse suas fraquezas nesse campo. Peça ajuda a Deus para estabelecer uma rotina intensa e saudável de oração.

12

Ideias distorcidas

Se vocês, apesar de serem maus, sabem dar boas coisas aos seus filhos, quanto mais o Pai de vocês, que está nos céus, dará coisas boas aos que lhe pedirem! (Mateus 7:11).

Quando você ora "Pai Nosso...", o que vem à sua mente? Que ideias ou lembranças são evocadas?

Mesmo que seu relacionamento com a figura paterna tenha sido normal e feliz, é importante lembrar que ele estava longe de ser perfeito. No entanto, esta é a referência humana disponível e é nele que pensamos primeiro quando pronunciamos as palavras iniciais da oração modelo. Para que você se relacione com o Pai celeste, então, é necessário pedir que Deus remova todas as distorções.

"Misturar as estações", associando a figura divina e paterna, é apenas uma das armadilhas que podem estar presentes no relacionamento entre o homem e Deus. Há outras — racionalizações usadas para tomar decisões opostas à vontade manifesta de Deus, artifícios para encobrir a desobediência, apego às liturgias e tradições religiosas, por exemplo.

Mesmo as intenções mais puras podem não ter origem em Deus. Em certo culto especialmente inspirativo, um membro da igreja sentiu muito fortemente o impulso de atender ao apelo para participar de uma viagem missionária. Essa voz foi tão clara para ele que o primeiro impulso foi começar a preparar a viagem. No meio desse turbilhão de intenções e mensagens, Deus o lembrou de pedir que ele sondasse o seu coração para saber se essa era realmente a vontade divina ou se ele a estava confundindo com a sua própria vontade.

Ele parou e pediu que Deus examinasse o seu coração, seus planos, sonhos e intenções. Pediu dois sinais simultâneos e seria um milagre se ambos se realizassem. Na sequência, falou a algumas pessoas sobre essa experiência, sem descrever os sinais que pedira a Deus. Os sinais não vieram e ele percebeu que a voz era sua e não de Deus.

Muitas vezes as distorções da imagem que as pessoas têm de Deus as levam à tendência de recriar Deus para transformá-lo em alguém que sempre as ajudará a sentir-se bem. Uma motivação bem egoísta.

Dirija-se a Deus como uma criança que sabe que pode confiar completamente no amor de seu pai. É o que Jesus ensina. "Qual de vocês, se seu filho pedir pão, lhe dará uma pedra? Ou se pedir peixe, lhe dará uma cobra? Se vocês, apesar de serem maus, sabem dar boas coisas aos seus filhos, quanto mais o Pai de vocês, que está nos céus, dará coisas boas aos que lhe pedirem!" pondera o livro de Mateus 7:9-11.

▌ E agora?

Peça a Deus para lhe revelar onde seu conceito de Deus está distorcido, quais os artifícios utilizados para encobrir a vergonha de ser imperfeito, qual a origem dos sonhos e as reais intenções nos pedidos a Deus. Sempre compare suas impressões de

Deus com o que dizem as Escrituras. Registre essas impressões pedindo a Ele que o purifique. Você será uma nova pessoa.

13

Não fiquem repetindo

E quando orarem, não fiquem sempre repetindo a mesma coisa, como fazem os pagãos. Eles pensam que por muito falarem serão ouvidos (Mateus 6:7).

Desde recém-nascido o ser humano aprende que determinadas atitudes ou ações resultam no atendimento de suas demandas. Quando está com fome, desconfortável ou sentindo alguma dor, o choro o faz receber comida, carinho ou socorro. Grande parte desse aprendizado ainda é levado para a vida adulta — e até mesmo à vida devocional. Acredita-se que com choro pode-se obter alguma dádiva de Deus. Muitos acreditam que, se tudo for feito da maneira certa, inclusive a oração, jejum e vigília, Deus atenderá as demandas. É quase como acionar uma varinha mágica.

A verdade é que Jesus abriu o caminho para nos dirigirmos a Deus em oração. Por isso Ele nos ensina uma oração — e não uma fórmula de poção ou uma lista de palavras mágicas. Oração não é exercício, postura ou atitude, mas acesso ao coração do Pai. Encenação, nunca.

A diferença entre esses dois modos de ver o mundo é gritante. Oração é diálogo — você fala e você ouve os recados de Deus por meio da Sua Palavra ou então das circunstâncias e da intervenção de outras pessoas. Encenação é monólogo, uma tentativa de demonstrar algo; a si mesmo, aos outros ou a Deus. Até mesmo na privacidade do quarto é possível encenar diante de Deus, e é provável que todo cristão já tenha tido tal experiência. Quem já não pensou sobre quais as palavras piedosas o suficiente para impressionar Deus?

Palavras cuidadosamente escolhidas para demonstrar necessidades nascem de um pressuposto errado, de que Deus não conhece os fatos que o afligem. Sendo assim, seria natural escolher a forma mais adequada, as melhores palavras, a quantidade e o momento certo de dizer as coisas a Deus. "Às vezes, imaginamos a religião como um processo mágico para controlar a divindade e não um reconhecimento sincero de que Deus é o Senhor e rei das nossas vidas", afirmou o pastor Paschoal Piragine Júnior.

Por isso, qualquer tipo de encenação chega a ser um insulto a Deus.

Jesus anunciou que Ele próprio é o único acesso a Deus quando disse: "...Eu sou o caminho, a verdade e a vida. Ninguém vem ao Pai, a não ser por mim," conforme lemos no evangelho de João 14:6. Portanto, Cristo é a única condição para que uma oração chegue até Deus.

Não há erro algum em levar um mesmo assunto a Deus muitas vezes, todos os dias. Você quer que um parente se renda a Cristo? Ore por ele, peça que o Senhor se compadeça dele. Tiago nos orienta: "Entre vocês há alguém que está sofrendo? Que ele ore..." (5:13). Não é sobre isso que Jesus fala quando diz para evitar as repetições. O alerta é para que os cristãos evitem as repetições vazias. De que valerá, por exemplo, repetir o Pai Nosso dez, vinte, trezentas vezes, se o seu coração estiver afastado da pessoa de Cristo? Se não houver na sua oração a autenticidade de um coração sincero e confiante na intervenção divina?

Não tente manipular a Deus. Não vai dar certo.

▎E agora?

Se você ainda não reconheceu Jesus como o único meio de chegar ao coração do Pai, faça-o agora, com suas palavras, reconhecendo o fracasso de todas as tentativas para controlar as circunstâncias; a sua vida e até mesmo controlar Deus. Reconheça que nem mesmo sabe orar e que precisa de Jesus para dirigir-se a Deus. Jesus prometeu que essa será a primeira de suas orações a ser ouvida.

Se você, em algum momento de sua vida já fez essa primeira oração, a Bíblia nos incentiva a entregarmos nosso dia-a-dia a Deus e confiar na Sua ação. "Deleite-se no SENHOR, e ele atenderá aos desejos do seu coração. Entregue o seu caminho ao SENHOR; confie nele, e ele agirá", é o que diz Salmo 37:4-5.

14

Confiança

Quando o viu deitado e soube que ele vivia naquele estado durante tanto tempo, Jesus lhe perguntou: "Você quer ser curado?" (João 5:6).

O Novo Testamento conta que Jesus curou febres, hemorragias, fez cegos enxergarem. As pessoas o seguiam todo o tempo, pedindo para serem curadas. Houve até o caso de um grupo de rapazes que não conseguiu se aproximar do Mestre, de tanta gente que havia. Resolutos, eles desceram do telhado da casa o amigo doente, para que este fosse atendido por Jesus. Em outra situação, um pai pediu a cura da filha, que estava em casa. O homem reconhecia o poder e a autoridade de Cristo, e por isso sabia que Ele poderia curar a menina sem nem mesmo vê-la. Foi atendido.

No meio dessas histórias, uma chama a atenção porque se trata de um homem que não procurou Jesus, mas mesmo assim obteve a cura. Ela está em João 5:1-8, e relata que Jesus passava pelo tanque de Betesda — um lugar cujas águas, segundo o que se acreditava, poderiam ter a capacidade de curar as pessoas — quando Ele se compadeceu de um paralítico, que há 38 anos não podia andar. Foi o próprio Jesus quem tomou a iniciativa e perguntou: "Você quer ser curado?" (v.6).

Sim, ele queria. Mas não foi isso o que disse a Jesus. O homem explicou que não tinha ninguém que o carregasse até o tanque — provavelmente esperava ajuda para entrar lá quando as águas se agitassem. Jesus ignorou a resposta. Apenas mandou que ele se levantasse, pegasse sua maca e andasse.

Percebeu a diferença entre a primeira atitude do homem e a segunda? No momento inicial, ele estava preso àquilo que diziam ser necessário para a cura. Quando se levantou, com a maca na mão, a situação era outra: Cristo disse o que fazer, o homem cumpriu.

É curioso como, depois de dois milênios, a fé cristã ainda continua sendo confundida com liturgias e procedimentos. Quando Jesus fala do Pai, Ele não dá aula de teologia, mas fala do relacionamento com Deus. Jesus nos ensina que o relacionamento que traz a verdadeira vida exige que ouçamos Sua Palavra e creiamos nele. Acreditar em preceitos religiosos, relatos de experiências ou testemunhos de sucesso e respostas de oração não é a mesma coisa que ouvir a palavra de Jesus e crer naquele que o enviou.

Quando Jesus ensina a orar, Ele não se recusa a atender as necessidades humanas e não questiona a condição em que estamos. Você pode apresentar suas angústias, frustrações e ansiedades ao Pai que está no céu. Quando a oração se concentra no Pai que está no céu, você pode derramar o coração falando das suas necessidades, problemas e das pessoas de convívio difícil. Principalmente, você pode se livrar dos limites que surgem ao fazermos orações elaboradas, bem articuladas e corretas. O relacionamento com Deus é o que está em primeiro lugar.

Larry Crabb, em seu livro *Em Nome do Pai*, (Ed. Mundo Cristão) relata um diálogo entre ele e um amigo, no interior do carro:

"Imagine se, quando você me pegou há pouco, a primeira coisa que eu tivesse dito fosse:

— Preciso que você apareça lá em casa hoje à noite. Mary e eu precisamos de sua opinião sobre determinado assunto. Você podia dar uma passadinha na farmácia? Preciso pegar um remédio.

Quando nos sentamos para almoçar, quero lhe perguntar sobre um de meus filhos. E, a propósito, alguma chance de você me emprestar um dinheiro? A situação está crítica. Para ser honesto, espero que você pague o almoço, se não houver problema."

Acredite, Deus não quer ouvir de você orações que se resumem a conseguir coisas. Ele está ansioso para ter um relacionamento mais próximo com você. Tratar Deus como se fosse um *office boy* ou confundir oração com mágica só serve para entristecer o Pai.

E agora?

Procure agora um ambiente onde você tenha privacidade e imagine que Deus está à sua frente para conversar — talvez com uma xícara de café, um refrigerante ou uma cuia de chimarrão. Comece o dia falando sobre seus sonhos, expectativas, esperanças, etc. Termine o dia repassando acertos, erros, contrariedades e coisas que deram certo. Faça disso um hábito e experimente uma nova dimensão de relacionamento com o Pai.

Semana 3

O que orar?

Levando a Deus as suas necessidades

Versículo para decorar:

Dá-nos hoje o nosso pão de cada dia [...] E não nos deixes cair em tentação, mas livra-nos do mal... (Mateus 6:11,13).

15

Você pode pedir

E eu farei o que vocês pedirem em meu nome, para que o Pai seja glorificado no Filho (João 14:13).

MAIOR DO QUE OS NOSSOS problemas é aquele que ouve nossas orações. Ele é o Criador e sustentador de tudo o que existe, e está interessado em ter um relacionamento muito próximo com você. Mas que tipo de conversa é possível ter com alguém assim? Ou, em outras palavras, qual deve ser o conteúdo das orações?

O capítulo anterior já falou um pouco disso, mas agora é hora de ir mais fundo e estudar o que o próprio Cristo ensina a esse respeito.

Você pode pedir por provisão de Deus para a sua vida. Muitas pessoas pensam que não deveriam incomodar a Deus com uma lista de pedidos. Outras acham que sempre receberão o que pediram. Na vida com Deus não ocorre nem uma coisa nem outra. Jesus disse certa vez: "Até agora vocês não pediram nada em meu nome. Peçam e receberão, para que a alegria de vocês seja completa" (João 16:24). O que Jesus disse é que Deus tem prazer em responder nossas orações, ouvir nossos pedidos e oferecer aquilo que precisamos como provisão divina para nossas vidas.

Lembre, entretanto, que nem todos os pedidos receberão um sim de Deus. Como Pai, Ele sabe o que é melhor para você. Por isso, a cada resposta negativa você pode esperar algo novo no seu crescimento e desenvolvimento como pessoa.

Ainda há algo a dizer a respeito dos pedidos a Deus. Seus pedidos são apenas para o seu próprio deleite ou trazem glória e prazer a Deus? Não há dúvida que se os pedidos servem para dizer o quanto esse Deus é grande e bom, Ele atenderá de boa vontade.

O evangelista chinês Liu Zhenying, mais conhecido como Irmão Yun, cuja autobiografia *O Homem do Céu* (Editora Betânia) contém diversos testemunhos do poder de Deus no auxílio à pessoa que ora. O evangelista era adolescente quando fez um pedido muito curioso: ele queria uma Bíblia. Na China dos anos 1970, esse era um objetivo muito difícil. O regime não tolerava manifestações religiosas e o cristianismo era visto como uma influência negativa do Ocidente. Era proibido buscar a Deus, ter e ler a Bíblia.

Yun ouviu falar de um pastor que tinha um exemplar, e que morava a 20 quilômetros de sua casa. Foi até lá e pediu para ver a Bíblia. Por causa da perseguição e do risco de ser flagrado pelas autoridades, o pastor não permitiu. Disse apenas que, se ele quisesse uma, teria de pedir a Deus em oração, com jejum e muitas lágrimas.

Foi o que ele fez! Durante meses, Yun abriu mão do café da manhã e do jantar para orar, pedindo uma Bíblia. Seus pais temiam por sua sanidade e vida. Um dia, em um sonho, ele entendeu que uma pessoa iria até a sua casa e lhe entregaria um livro. Mesmo sem nunca ter visto uma Bíblia, o jovem acreditou que ganharia uma. Na manhã seguinte, uma pessoa bateu à porta de sua casa, dizendo que Deus lhe pedira para entregar a ele sua única Bíblia. Essa foi a primeira de muitas experiências de oração do Irmão Yun, que se tornou um dos líderes da igreja subterrânea da China. Ele orou e foi atendido!

Por que orar? Porque Deus se interessa por você, e por meio de Jesus abriu um canal de comunicação que se chama oração. E também porque Ele tem poder para ouvir, falar com você e atender aos pedidos do seu coração.

Mais do que isso: Ele pode surpreendê-lo!

E agora?

Comece hoje a fazer uma lista com alguns pedidos, para apresentá-los a Deus durante esta semana. Anote a data em que começou a pedir e tome nota também daquilo que você percebe que Ele está fazendo. Em breve você poderá anotar a data da resposta de Deus para você. Quer tentar? Experimente!

16

Quem, eu?

Quem vive segundo a carne tem a mente voltada para o que a carne deseja; mas quem vive de acordo com o Espírito, tem a mente voltada para o que o Espírito deseja [...] Quem é dominado pela carne não pode agradar a Deus (Romanos 8:5,8).

Quase todas as pessoas alguma vez na vida fizeram petições a Deus por necessidade ou por simples desejo. Essa é, às vezes, a principal ênfase: pedimos a ajuda de Deus para conquistar alguma coisa.

Uma fórmula inversa também é possível — ou seja, orar pedindo a proteção de Deus, de modo a nos preservar frente aos perigos que ameaçam nos subtrair alguma coisa, como a vida e a saúde, por exemplo.

Em Sua oração modelo, Jesus ensina que podemos pedir que Ele nos livre do mal. Há coisas demais nessa vida que podem trazer males. Loucos no trânsito, roubos, tragédias da natureza... podem causar a insegurança e as preocupações.

Antes de começar a orar, entretanto, há uma tentação muito sutil a vencer: a ideia de que os males são somente culpa de fatores externos. Muitas dificuldades que as pessoas têm de enfrentar são males causados por elas mesmas — e encarar que o mal está em si próprio é algo que ninguém gosta de pensar. Ainda assim, a Palavra de Deus mostra que isso é verdade. "Pois todos pecaram e estão destituídos da glória de Deus", diz o livro de Romanos 3:23.

A Bíblia trata desse tema quando fala sobre a luta contra a carne — não é uma conversa de alguém vegetariano; carne aqui é uma maneira de se referir aos instintos que todo ser humano tem, e se referem à satisfação de necessidades. Ela diz que há dois tipos de nascimento: o físico (da carne) e o espiritual: "O que é nascido da carne é carne, e o que é nascido do Espírito é espírito" (João 3:6).

Também diz que tipo de atitudes são as marcas dos que vivem na carne e dos que vivem a vida do Espírito, ou seja, que têm um relacionamento com Deus, cujo Espírito Santo conduz suas vidas: "Ora, as obras da carne são manifestas: imoralidade sexual, impureza e libertinagem; idolatria e feitiçaria; ódio, discórdia, ciúmes, ira, egoísmo, dissensões, facções e inveja; embriaguez, orgias e coisas semelhantes. Eu os advirto, como antes já os adverti: Aqueles que praticam essas coisas não herdarão o Reino de Deus. Mas o fruto do Espírito é amor, alegria, paz, paciência, amabilidade, bondade, fidelidade, mansidão e domínio próprio. Contra essas coisas não há lei" (Gálatas 5:19-23).

Você pode pedir a Deus que o livre dos vários males que existem no mundo e que o proteja das tentações, mas é preciso pedir também que Ele o ajude na luta que você precisa travar consigo mesmo! Todos os dias é preciso lidar com desejos enganosos, maus pensamentos e atitudes erradas que destroem a sua vida e a das pessoas à sua volta.

No filme *Prova de Fogo*, o personagem Calebe luta contra o vício da pornografia via internet. Em uma cena particularmente forte (e até um pouco engraçada), ele está perto do computador após ter tido uma briga com a esposa. A essa altura, ele está orando e se esforçando para salvar seu casamento, mas encontra-se a um clique de aprofundar ainda mais a crise. Sua atitude é radical: Calebe toma a máquina, o monitor e tudo o mais e leva para o lado de fora da casa, junto da lixeira. Ele reconheceu que, enquanto estivesse próximo à fonte da tentação, poderia cair. O problema, afinal, não estava em nenhuma fonte externa, mas nele mesmo.

E você, de que tipo de mal precisa se livrar?

E agora?

Você pode pedir a Deus que o livre dos males que há no mundo, mas peça também que o livre de males que há dentro de si. A Bíblia mostra que a melhor forma de vencer a carne é andar no Espírito. Portanto, decida todos os dias orar pedindo que Deus o ajude a pensar e agir conforme os seus princípios e valores.

17

Nas aflições

Indo um pouco mais adiante, prostrou-se com o rosto em terra e orou: "Meu Pai, se for possível, afasta de mim este cálice; contudo, não seja como eu quero, mas sim como tu queres" (Mateus 26:39).

A frase bíblica "Dá-nos hoje o nosso pão de cada dia" (Mateus 6:11), revela um princípio da oração do Pai Nosso que é interessante e talvez pouco conhecido. Jesus ensina os Seus seguidores que é possível colocar com transparência e de forma direta as necessidades do coração e da alma.

Foi assim que, no momento mais crítico de Sua vida terrena, Jesus Cristo fez uma oração rápida e direta — aquela que aparece na abertura deste capítulo. É como se falasse: Pai, o que tenho pela frente é assustador e exige mais do que posso suportar. Então Ele completa dizendo algo como: ...meu desejo é não ter que passar por isso. O Senhor pode me livrar dessa dor?

Seguindo a orientação de Cristo de pedirmos alívio nas aflições, Paulo também se apresenta diante de Deus de uma forma curiosa. Ele diz: "Para impedir que eu me exaltasse por causa da grandeza dessas revelações, foi-me dado um espinho na carne, um mensageiro de Satanás, para me atormentar.

Três vezes roguei ao Senhor que o tirasse de mim. Mas ele me disse: 'Minha graça é suficiente para você, pois o meu poder se aperfeiçoa na fraqueza'. Portanto, eu me gloriarei ainda mais alegremente em minhas fraquezas, para que o poder de Cristo repouse em mim'" (2 Coríntios 12:7-9).

Há mais exemplos, entre eles, o caso da mulher que tinha um fluxo de sangue enorme está relatado no livro de Lucas 8:43,44: "E estava ali certa mulher que havia doze anos vinha sofrendo de uma hemorragia e gastara tudo o que tinha com os médicos; mas ninguém pudera curá-la. Ela chegou por trás dele, tocou na borda de seu manto, e imediatamente cessou sua hemorragia."

Dessas três histórias, pode-se aprender que é possível ter a ousadia de confiar a Deus as aflições e dores da vida. Foi o que a mulher, Paulo e o próprio Cristo fizeram, com respostas bem diferentes. Foram dois "não" e um "sim": Jesus tinha de ir à cruz, essa era a vontade do Pai; Paulo aprendeu que Deus demonstra Sua soberania ao usar nossas fraquezas e incapacidades para fazer a Sua obra; e a mulher descobriu que a cura ou o livramento das dores é algo que se pode alcançar pela fé.

Como aceitar um "não"? A vontade de Deus é maior do que se pode compreender. Algumas vezes Ele simplesmente dará a cura, em outras, Ele pode permitir que você fique um pouco mais de tempo em meio à dor. Isso não quer dizer que Ele tem prazer em ver as pessoas sofrerem, mas que os sofrimentos podem ajudar as pessoas a crescer na fé e na dependência de Deus. Paulo voltou a tratar desse tema ao escrever: "Não só isso, mas também nos gloriamos nas tribulações, porque sabemos que a tribulação produz perseverança; a perseverança, um caráter aprovado; e o caráter aprovado, esperança.

E a esperança não nos decepciona, porque Deus derramou seu amor em nossos corações, por meio do Espírito Santo que ele nos concedeu" (Romanos 5:3-5).

O missionário holandês Andrew van der Bijl, apelidado de Irmão André e conhecido por levar Bíblias para trás da Cortina de Ferro nos tempos de Guerra Fria, conta em seu livro *O Contrabandista de Deus* (Editora Betânia) que, enquanto visitava a Hungria para distribuir Bíblias aos cristãos daquele país, decidiu fazer um piquenique em um lago. Logo após abrir o porta-malas do carro para retirar seu lanche, chegou uma patrulha de barco. Dois policiais armados o abordaram e começaram a vasculhar o veículo, que levava muitas Bíblias. Aflito, pensou em sua esposa grávida na Holanda e imaginou que, se fosse preso, ela nunca mais teria notícias suas. Então fez uma oração em sua mente: "Senhor, tu fizeste muitos cegos verem, agora faz aqueles que veem ficarem cegos." Os policias não enxergaram as Bíblias dentro do carro e o liberaram.

Suas aflições e dores importam para Deus!

E agora?

Você pode vasculhar os cantos de seu coração onde suas dores estão escondidas e pode apresentá-las a Deus pela fé. Ele ouvirá e se movimentará em seu favor.

18

Quem quer pão?

Não estou dizendo isso porque esteja necessitado, pois aprendi a adaptar-me a toda e qualquer circunstância

(Filipenses 4:11).

UMA DAS CARACTERÍSTICAS mais marcantes do mundo contemporâneo é o consumismo. O consumo tem sido apontado como o organizador da vida cotidiana. Tudo gira em torno dele. É como se o mundo de hoje gritasse: "Diga-me o que consomes, e te direi quem és." Assim, as pessoas são julgadas por aquilo que possuem e não pelo que são. Isso gera no ser humano o desejo por possuir mais e melhores bens, fazendo com que ele viva nessa busca insaciável por aquilo que não é pão.

Com o domínio da tecnologia, as grandes produções publicitárias e a crescente rapidez dos processos de fabricação, novos produtos são lançados quase que diariamente. Nessa ótica, o mercado consumidor usa a insatisfação humana como combustível para dar continuidade ao ciclo consumista, gerando a movimentação contínua do mercado. Sendo assim, aquilo que as pessoas consomem nada tem a ver com a utilidade ou a necessidade, mas com uma ideia um tanto vaga de felicidade. Em resumo, possuir determinado produto é ser feliz.

Tentando definir numa palavra o sentimento que hoje toma conta do coração do homem, insatisfação caberia perfeitamente. As pessoas estão insatisfeitas com o aparelho de televisão que não é de última geração, com o celular que não é o modelo mais recente, com o carro; com o computador; com a casa... Não é errado desejar cada uma dessas coisas. O problema é a finalidade — o prazer e o prestígio que se pode obter dessas mercadorias têm vindo à frente da sua utilidade.

Se o consumismo molda a vida das pessoas, não é surpreendente que ele também molde as suas orações. E o que era para ser comunicação com Deus vira mera repetição: "Me dá! Me dá! Me dá!"

Não entenda mal. Você já sabe que Deus lhe dá toda liberdade de pedir-lhe o que precisa. Mas a oração do "Me dá!" faz você passar por cima da parte do "Venha a nós o teu Reino." E, como você sabe — a vontade que deve prevalecer é a de Deus, não a nossa.

Na contramão desse sentimento, o apóstolo Paulo, falando de provisão, escreveu aos irmãos da cidade de Filipos: "Não estou dizendo isso porque esteja necessitado, pois aprendi a adaptar-me a toda e qualquer circunstância" (Filipenses 4:11). Em outra situação ele escreveu: "...tendo o que comer e com que vestir-nos, estejamos com isso satisfeitos." (1 Timóteo 6:8).

Naquela época não existiam todas as maravilhas tecnológicas que existem hoje. Mas a Palavra de Deus não muda. Por isso, esse versículo continua valendo para nós hoje. Transcrevendo para os dias atuais, é como se Paulo, inspirado pelo Espírito, quisesse nos dizer: "Fiquem satisfeitos com o que vocês têm."

Sem deixar de retratar o sentimento do mundo atual, alguém disse uma frase engraçada: "Hoje em dia, o mais importante é o supérfluo." E como isso é verdade! Desejamos coisas que logo perderão o significado, pois são deste mundo. Ansiamos por coisas que, depois de pouco tempo, ficarão esquecidas em nossos armários, sem utilidade. A tecnologia avança num ritmo tão avassalador que, se quisermos acompanhar, não há como viver com satisfação.

Quando Jesus usa a palavra "pão" na oração do Pai Nosso, Ele está prevenindo o nosso coração contra o luxo que o mundo oferece, reprimindo toda ânsia pelo consumo, encorajando-nos a viver de modo simples e colocando nossos desejos no lugar de controle, que é o centro da Sua vontade. Contra a singeleza da palavra *pão*, não há insatisfação que continue em pé.

E agora?

Como é o conteúdo da sua oração? Apenas pedidos? Verifique se o seu coração se satisfaz com aquilo que possui. Agradeça a Deus pela dádiva do sustento diário. Reserve um tempo para agradecer a Deus hoje pelo que você possui, reconhecendo que tudo provém dele.

19

Com que roupa?

> Busquem, pois, em primeiro lugar o Reino de Deus e a sua justiça, e todas essas coisas lhes serão acrescentadas
> (Mateus 6:33).

No mesmo capítulo onde se encontra a oração do Pai Nosso, Jesus explana um pouco mais sobre a questão do sustento de Deus para a vida humana. Para além da expressão "...dá-nos hoje o nosso pão de cada dia" (Mateus 6:11), encontramos nos versículos 25 a 34 um encorajamento de Jesus para confiarmos na provisão divina. O contexto fala sobre ter o que vestir e comer, necessidades básicas do ser humano. Mas é interessante observar os exemplos que Jesus usou.

A primeira coisa que Jesus falou diz respeito às nossas preocupações: "Portanto eu lhes digo: Não se preocupem com sua própria vida, quanto ao que comer ou beber; nem com seu próprio corpo, quanto ao que vestir. Não é a vida mais importante que a comida, e o corpo mais importante que a roupa?" (v.25). Jesus ensina que antes de pensar nas coisas que precisamos para continuar vivendo, devemos lembrar que Ele nos deu o presente da vida. E o mais importante é que não contribuímos ou trabalhamos para isso. É como se Ele estivesse nos lembrando: "Fui eu quem trouxe você a este mundo. Portanto, não tenha medo do dia de amanhã."

O segundo conselho de Jesus é prestar atenção naquilo que o cerca: "Observem as aves do céu: não semeiam nem colhem nem armazenam em celeiros; contudo, o Pai celestial as alimenta. Não têm vocês muito mais valor do que elas?" (Mateus 6:26). Ao observar as aves, o sujeito é obrigado a olhar para o céu, lembrando que é de lá que vem o socorro. Existe um sustentador para tudo neste mundo: Deus. E Ele está pronto para prover as suas necessidades.

O terceiro conselho de Jesus relaciona-se ao aprendizado: "Por que vocês se preocupam com roupas? Vejam como crescem os lírios do campo. Eles não trabalham nem tecem. Contudo, eu lhes digo que nem Salomão, em todo o seu esplendor, vestiu-se como um deles" (vv.28,29). Ao examinar cuidadosamente como cresce uma flor, você irá descobrir que o mérito não é daquele que plantou, cultivou ou regou, mas daquele que pode dar o crescimento. Não há possibilidade de o homem fazer germinar uma semente, forçar uma planta a brotar ou dar-lhe crescimento. O dono desse processo é o próprio Deus. Além disso, o espetáculo das cores que as flores dão após seu crescimento é comparado por Jesus com o espetáculo que Deus pode dar à vida humana com o Seu sustento.

Mas tudo isso só ocorrerá se uma prioridade estiver devidamente alinhada na nossa vida. É por isso que o último conselho de Jesus ao falar de provisão diz respeito ao reino. Na oração do Pai Nosso, o reino vem antes do pão. E Jesus volta ao mesmo assunto alguns versículos depois, em Mateus 6:33: "Busquem, pois, em primeiro lugar o Reino de Deus e a sua justiça, e todas essas coisas lhes serão acrescentadas". A prioridade é o Reino de Deus. Se ele ocupar o primeiro lugar na sua vida, com certeza a provisão virá.

O caso de George Muller ilustra bem isso. Em meados do século 19, este alemão começou um trabalho de assistência às crianças abandonadas que levou à criação de diversos orfanatos por toda a Inglaterra. Nenhum deles jamais dependeu de apoio governamental ou mesmo de doadores privados. Se lhes faltava algo, Muller pedia diretamente a Deus. Os milhares de adolescentes e crianças que estavam sob os cuidados de sua equipe sabiam que Ele não falhava.

O mesmo processo serve para você também. O acesso a Deus está sempre aberto. Contudo, cuide-se para não buscar o Reino como um meio de *comprar* bênçãos. Jesus não prometeu riquezas, luxo, abundância material ou qualquer outra coisa nesses versículos. Ele não prometeu suprir o supérfluo, mas as necessidades. Uma vez tendo o Reino como prioridade, por fim, você pode estar certo de que terá a provisão diária.

E agora?

Filipenses 4:19 diz: "O meu Deus suprirá todas as necessidades de vocês, de acordo com as suas gloriosas riquezas em Cristo Jesus". Este versículo é um antídoto para todas as nossas preocupações. Medite sobre esse texto e aproveite para colocar todas as suas necessidades diante de Deus.

20

Para passar no teste

Jesus lhe disse: "Retire-se, Satanás! Pois está escrito: 'Adore o Senhor, o seu Deus, e só a ele preste culto'". Então o Diabo o deixou, e anjos vieram e o serviram
(Mateus 4:10,11).

E NÃO NOS DEIXES cair em tentação! Quantas vezes você já repetiu essa frase, parte do Pai Nosso que consta em Mateus 6:13, sem nem refletir a respeito?

Trata-se de uma referência aos motivos da oração. Esta oração modelo nos ensina que devemos rogar pela proteção de Deus à nossa vida, de maneira tal que não venhamos a cair em tentação.

Mas, afinal, o que é tentação? É a força de sedução que o pecado tem sobre a vida humana, para nos atrair. Pode ser entendida também como uma operação, argumento ou poder de atração para o pecado. É qualquer coisa que tem o poder de seduzir o homem para que desobedeça a Deus. Na Bíblia, a palavra é usada com a mesma conotação de uma provação ou um teste. O que não deixa de ser uma grande verdade: quando alguém é tentado, seu compromisso com Deus é posto à prova.

Jesus passou pelo teste da tentação. E a maneira como Ele a venceu revela muito sobre a forma como também podemos superá-la. No livro de Mateus 4:1-11 há uma descrição da passagem de Jesus pelo deserto, quando Ele foi tentado pelo diabo. Após ter sido batizado por João Batista, Jesus passou por um período de jejum de quarenta dias e quarenta noites. O que Ele fez durante estes dias? Provavelmente intensificou Sua vida com Deus, por meio da oração.

O primeiro teste de Satanás referia-se à fragilidade momentânea que Jesus experimentava: a fome. E ele sugere que Jesus transforme as pedras em pães para poder saciá-la. O segundo teste era um desafio ao poder de Deus, mediante o uso de uma afirmação bíblica. O terceiro teste apelava ao desejo pelo poder. Em todos os testes, Jesus respondeu ao Diabo com uma afirmação bíblica. A Bíblia termina o relato afirmando: "Então o Diabo o deixou, e anjos vieram e o serviram" (Mateus 4:11).

No relato da tentação de Jesus não podemos nos enganar pensando que apenas Seu lado divino se manifestava. Era também o Jesus homem que estava ali, 100% humano. Neste caso, não temos desculpa para dizer que não conseguimos vencer a tentação. Este relato está na Bíblia como um recado de Deus, dizendo que é possível também ao homem vencer. Mas os métodos não serão outros além dos que Jesus usou.

Perceba que Jesus venceu a tentação enquanto estava em jejum e oração. Foi só depois do teste que os anjos o serviram. Isso nos mostra que o método para superar a tentação exige uma vida constante de oração. "Muita oração, muito poder. Pouca oração, pouco poder. Nenhuma oração, nenhum poder", diz uma frase tradicional nos meios cristãos. Você só terá poder para vencer a tentação caso manter-se em oração.

Jesus também usou a Palavra de Deus. Naquele tempo, a Bíblia não era encadernada como hoje a conhecemos. Ela era escrita em rolos. Isso sugere que Jesus havia decorado as Escrituras. Ele não pediu um tempo para consultar os rolos e depois voltar com a resposta. Ele estava cheio da Palavra Viva de Deus e respondeu imediatamente. No momento da tentação talvez não tenhamos tempo de consultar a Bíblia. Ela precisa estar viva em nós.

A proteção divina estará operando em nosso favor quando nossa vida estiver totalmente dedicada a Deus, através da oração e da leitura da Bíblia. Não existe mágica para vencer a tentação. O método é o mesmo há mais de dois mil anos, e Jesus nos deixou o exemplo. Se negligenciarmos a oração e a leitura da Palavra de Deus, certamente, vamos sucumbir ante a tentação.

▌ E agora?

Quais são as prioridades da sua agenda? O tempo com Deus e a leitura da Sua Palavra estão entre elas? Este é um momento oportuno para rever sua vida de oração durante a campanha. Você está fazendo o que foi sugerido no início? Você separou um tempo diário para estar a sós com Deus e encher-se de Sua Palavra? Só assim, você conseguirá vencer a tentação!

21

É uma guerra

Portanto, submetam-se a Deus. Resistam ao Diabo, e ele fugirá de vocês (Tiago 4:7).

ALGUMAS PESSOAS NOS conhecem muito bem! Nossos amigos nos conhecem, sabem quando estamos passando por dificuldades e estão prontos para ajudar. Existem pessoas que nos conhecem ainda mais do que os amigos — os nossos pais. Eles nos conhecem só pelo olhar e pelo falar. Se você é casado, outra pessoa o conhece mais do que seus pais: o seu cônjuge. Ele sabe quando você vai fazer algo ou deixar de fazer, quando vai cumprir uma promessa ou não. Mas existe alguém que o conhece ainda mais que o seu cônjuge: o diabo.

Infelizmente, o inimigo de nossas almas nos conhece muito bem — perde apenas para Deus e para nós mesmos. Ele entende todas as nossas vulnerabilidades e sabe exatamente onde nos atacar. Conhece nossos pontos fracos e em que podemos ser tentados. É mestre em jogar xadrez com a nossa vida, não tem pressa para fazer a jogada, sabe que quando baixamos nossa guarda é hora de atacar. E não espere que ele jogue limpo!

O escritor Max Lucado afirma que o nosso inimigo é o mestre do alçapão, autor dos momentos de fraqueza e espreita até o momento em que você está de costas. Espera suas defesas fraquejarem. Aguarda pelo momento em que o gongo bate e você está se dirigindo ao seu *escanteio* para descansar. Caso não estejamos atentos ao seu ataque, seu golpe pode ser fulminante. Ele leva a sério o seu ministério de matar, roubar e destruir, conforme ensina João 10:10.

Estamos no meio de uma guerra invisível. Não sabemos de onde virá o ataque. Assim, necessitamos claramente do socorro de Deus em meio à batalha. É o que Jesus ensina ao usar na oração que conhecemos como o Pai Nosso a expressão "livra-nos do mal". Muitas vezes pensamos que esse é um pedido de proteção contra imprevistos ou malefícios praticados por outras pessoas — agressões ou assaltos, por exemplo.

Mas não parece ser bem essa a intenção de Jesus no livro de Mateus 6:13. Do jeito que está escrita, nos manuscritos gregos, a frase está redigida de uma forma peculiar. A palavra que é traduzida por "mal" (*poneros*) está no modo nominativo. Em grego, isso geralmente denota um título. É como se Cristo estivesse se referindo a um mal que tem nome próprio. O mais provável é que o mal descrito aqui seja mesmo o diabo.

Nosso inimigo não mostra a face claramente, usa máscaras em vez disso. Nas mais inocentes situações, ele pode estar armando suas armadilhas contra nós. "Pois a nossa luta não é contra seres humanos, mas contra os poderes e autoridades, contra os dominadores deste mundo de trevas, contra as forças espirituais do mal nas regiões celestiais", assinala o apóstolo Paulo em Efésios 6:12. Ou seja: contra o próprio Satanás.

Contudo, apenas reconhecer o inimigo não basta para vencer. Essa é uma parte da estratégia. Tiago colocou a condição para vencermos: "Portanto, submetam-se a Deus. Resistam ao

Diabo, e ele fugirá de vocês" (Tiago 4:7). No original grego, "sujeitai-vos" (*hupotasso*), era um termo militar que significava "organizar as tropas sob o comando de um líder". É como se Cristo fosse nosso general e estivéssemos sob Seu comando para contra-atacar. Ao submeter-se às Suas ordens, você não estará mais no controle da batalha. Deus estará, e assim você terá força para resistir ao ataque. Assim, seu inimigo não terá alternativa a não ser fugir.

O capítulo 6 do livro de Efésios dá algumas dicas a respeito de como entrar nessa guerra. "Finalmente, fortaleçam-se no Senhor e no seu forte poder. Vistam toda a armadura de Deus, para poderem ficar firmes contra as ciladas do Diabo" (vv.10,11). A solução para vencer o inimigo, portanto, é buscar a força no Senhor. E o caminho para isso é a oração: "Orem no Espírito em todas as ocasiões, com toda oração e súplica; tendo isso em mente, estejam atentos e perseverem na oração por todos os santos" (v.18). Sim, por todos os santos — afinal, estamos juntos nessa guerra.

Há alguns anos, um pastor estava em seu carro, a poucas quadras de sua igreja, em Curitiba. Parado na fila que se formou no semáforo, ele percebeu que um jovem olhava com atenção para todos os carros. Ele fixou o olhar no veículo do pastor e começou a se encaminhar para ele. A certa altura, ele colocou a mão na cinta, e o pastor percebeu que o rapaz estava armado. Ele chegou bem perto do carro, mas mudou de direção e foi embora, para alívio do pastor. Poucos dias depois, recebeu uma ligação de uma pessoa conhecida, que contou que sua irmã, que morava em outro país, havia contado uma história estranha. Ela disse que sonhou com aquele pastor, e que ele estava em perigo. Acordou e orou. O pastor perguntou quando isso havia ocorrido, e descobriu que foi na hora exata em que ele se deparava com a possibilidade do assalto.

Para ter proteção em meio à guerra, aliste-se nas fileiras da oração e permita-se ser guiado por Cristo. Isso vai permitir inclusive que você interceda por seus amigos e parentes (como no caso do pastor que escapou ao assalto) para que o Senhor conceda também a eles proteção e provisão. Mas isso já é assunto para os próximos capítulos.

E agora?

Existem situações em sua vida que o estão levando lentamente ao pecado? Reconheça seu inimigo! Arranque sua máscara e não brinque nem por um segundo. A intenção de seu inimigo é destruí-lo completamente. Não subestime suas artimanhas. Volte-se para Deus e resista! Certamente ele fugirá!

Semana 4

O que orar?

Apresentando a Deus os seus relacionamentos

Versículo para decorar:

Perdoa as nossas dívidas, assim como perdoamos aos nossos devedores (Mateus 6:12).

22

Amargura

Cuidem que ninguém se exclua da graça de Deus, que nenhuma raiz de amargura brote e cause perturbação, contaminando muitos (Hebreus 12:15).

Você sabe que não pode viver só. Deus sabe melhor ainda — afinal, foi Ele quem o criou e inseriu essa linha de código na sua programação. Entretanto, as relações entre os seres humanos costumam ser tão difíceis, as pessoas são tão cheias de caprichos e de melindres... É impossível conviver com gente assim sem brigar, de vez em quando. Felizmente, Deus inventou uma ferramenta extremamente poderosa para sanar os problemas gerados por essas brigas: o perdão.

Ele fez mais: sublinhou a importância dele ao fazer observações sobre o tema a diversos personagens ao longo da história, muitos dos quais deixaram o registro disso nessa coleção de livros que hoje chamamos de Bíblia. Inclusive na oração do Pai Nosso, a passagem de Mateus 6:9-13 que serve de base para esta obra que você está lendo.

No modelo de oração que Jesus deixou, Ele *costura* o perdão que pedimos a Deus àquele que devemos aos outros. "Perdoa as nossas dívidas, assim como perdoamos aos nossos devedores", diz. Ao que parece, você não tem chance: se quiser que

Deus jogue fora as anotações de todas as besteiras que você fez ao longo da vida, terá de aceitar também as falhas de seu cônjuge e também dos parentes, amigos, colegas de trabalho, vizinhos...

Você provavelmente já ouviu essa frase de forma diferente, com a palavra *ofensas* substituindo *dívidas* — talvez até tenha aprendido a oração dessa forma. Essa foi uma tentativa de tradução que fosse capaz de exprimir para tempos modernos a ideia da dívida presente nos textos antigos. Era algo muito grave, tanto que a lei judaica da época permitia que uma pessoa fosse escravizada em troca da dívida.

Na verdade, quando não há perdão uma forma sutil de escravidão pode tomar conta de um relacionamento. A pessoa vai acalentando pensamentos ruins e deixando crescer uma rebeldia que nem sempre é manifesta, mas que ocupa parte dos pensamentos. Tira a paz e deixa em troca a amargura. Essa amargura cresce — talvez seja por isso que o livro de Hebreus fala em *raiz de amargura*; a raiz de uma árvore pode crescer muito sem ser vista, e só pode ser erradicada com o perdão.

Que bom seria se fosse fácil e indolor perdoar. Nem sempre é assim, e às vezes temos fortes razões pessoais para não perdoar. Como no caso de certa senhora, que mais tarde se tornou uma líder de grupos de oração em uma igreja paranaense. Antes de sua conversão, ela casou-se, muito jovem, com um homem de modos rudes. Ele viajava com frequência e, quando voltava para casa, era pior. Bebia demais e era violento com a esposa e o filho. Num desses retornos, avisou a mulher que iriam se mudar para um garimpo no norte do país.

Lá, além dos antigos maus hábitos, a família passou a viver sob lonas ou então em barracos. Distante da família e dos amigos e submetida aos maus-tratos do marido, a amargura cresceu no coração da mulher. Quando ficou claro que a aventura no garimpo daria em nada, eles voltaram ao Paraná. Não muito tempo depois, o homem morreu.

Foi então que esta senhora aceitou um convite para visitar uma igreja. Converteu-se e, pouco a pouco sua vida começou a ser transformada. Ela aprendeu a ter uma vida de oração e comunhão com Deus, e também a contar com as permanentes orações dos irmãos, além de contar com um efetivo apoio psicológico. Ainda hoje lhe vêm lembranças desse passado doloroso — esquecer já é difícil, quanto mais perdoar? Quando elas surgem, ela recorre à oração e à leitura da Palavra. O Senhor lhe dá uma mensagem de restauração e pacificação.

Essa mensagem está disponível para você também. Basta procurar.

E agora?

"Certamente ele tomou sobre si as nossas enfermidades e sobre si levou as nossas doenças", diz Isaías 53:4, em uma profecia que faz referência ao sacrifício de Jesus. Reconhecer essa verdade pode fazer muita diferença em sua vida.

Libertando-se de suas amarguras, a mulher citada neste capítulo conseguiu tornar-se líder em sua igreja e, hoje, ajuda muitas pessoas a serem restauradas. Existem marcas de amargura em seu coração que precisam ser entregues a Jesus Cristo? O que você fará a respeito?

23

Pedra, areia e irritação

Quando vocês ficarem irados, não pequem. Apaziguem a sua ira antes que o sol se ponha, e não deem lugar ao Diabo (Efésios 4:26,27).

A LINHA DIVISÓRIA ENTRE o amor e o desamor, às vezes, é muito tênue. A ideia de não levar desvantagem nos relacionamentos leva as pessoas a terem pouca paciência com os outros. Mais: alguns têm dificuldades para se controlar diante de situações de conflito, seja com o mundo exterior ou consigo mesmas. O resultado vem na forma de reações emocionais agressivas. É a ira.

Este é um sentimento que surge de forma rápida e que costuma ser breve. Em se prolongando, pode se transformar num ódio permanente por pessoas ou coisas. Nesse estágio, deixa de ser irracional e suscita o desejo premeditado de vingança.

A ira está presente em diversas situações e ambientes. No centro das grandes cidades, motoristas se desentendem em discussões de trânsito que levam, com frequência, a crimes de morte; nos bares e casas de espetáculos, jovens e adolescentes brigam e se ferem; nas escolas, o *bullying* tem levado estudantes à depressão, à perda da autoestima e a cometerem agressões.

A Bíblia diz para as pessoas controlarem sua ira a ponto de ocultá-la. O livro de Provérbios 12:16 ensina: "O insensato revela de imediato seu aborrecimento, mas o homem prudente ignora o insulto." Um pouco mais adiante, em 27:3, o ensinamento vai além: "A pedra é pesada e a areia é um fardo, mas a irritação causada pelo insensato é mais pesada que as duas juntas."

No ambiente familiar, a ira pode deixar marcas. Certa família se reuniu para um almoço em comemoração ao aniversário de seu patriarca. O que se viu então foi um terremoto emocional, tudo porque um dos presentes reagiu de forma descontrolada e agressiva diante de um comentário.

Nos dias seguintes, uns tomavam partido do que havia feito o comentário, afirmando que a observação era pertinente, embora tivesse sido feita em tom de brincadeira. Outros tomavam o partido do que se sentira agredido. As pessoas começaram a deixar de se falar e se visitar. Os que mais sofreram foram os mais velhos. Além de assistirem ao desmoronamento de um grupo que eles próprios construíram, não entendiam como uma pessoa com a metade de suas idades poderia reagir de forma tão intempestiva e irracional.

"Quando vocês ficarem irados, não pequem", ensina o apóstolo Paulo no livro de Efésios 4:26,27. "Apaziguem a sua ira antes que o sol se ponha, e não deem lugar ao Diabo." Ele escreveu isso porque reconhecia que os cristãos daquela igreja, bem como os de hoje, não estavam isentos de emoções fortes, por terem se convertido. Ele orientou que quando fosse inevitável reagir com ira em alguma circunstância, não deixassem esse sentimento prevalecer até depois do pôr do sol. É uma linguagem figurada para orientar os cristãos a não permanecerem irados, para que a ira não se transforme em ódio e suscite desejos de vingança. Na carta aos Romanos 12:19, o mesmo Paulo diz a seu público que nunca procure vingar-se. Quando uma pessoa se vinga ou deseja vingar-se, ela está em pecado por tentar tomar o lugar de Deus.

▍ E agora?

Os discípulos sinceros de Jesus Cristo vivem de acordo com os frutos do Espírito Santo ensinados em Gálatas 5:23: "Mas o fruto do Espírito é amor […] mansidão e domínio próprio". Por meio da oração diária podemos pedir a presença do Espírito Santo em nossos corações para controlar nossas emoções e reações.

Suas reações a fatos e circunstâncias revelam o fruto do Espírito Santo? Você tem buscado diariamente a Sua presença em sua vida?

24

Os antissociais

"Qual destes três você acha que foi o próximo do homem que caiu nas mãos dos assaltantes?" "Aquele que teve misericórdia dele", respondeu o perito na lei. Jesus lhe disse: "Vá e faça o mesmo" (Lucas 10:36,37).

O MODO DE VIDA contemporâneo obriga as pessoas a se relacionarem com diversos grupos sociais em seu cotidiano, sendo que, muitas vezes, há pouco em comum entre eles. Há, por exemplo, o grupo familiar e também aquele formado pelos colegas de trabalho ou da escola, com quem você convive por horas a fio todos os dias. Há o grupo dos frequentadores do clube ou da academia, as pessoas com quem você convive na vizinhança ou no condomínio, mesmo que, com alguns deles, você apenas troque cumprimentos no elevador. Era algo mais ou menos assim que imaginavam os filósofos quando definiram o homem como um *ser social*.

Claro, a humanidade é dinâmica e esses grupos vivem mudando. Nas últimas décadas há até a tendência, abraçada pelos mais jovens, de escolherem determinados grupos para se associarem de um modo mais forte. São as "tribos" de que tanto hoje se fala, cuja identidade está, muitas vezes, estampada em determinada escolha de roupas e acessórios, ou então na prática de algum esporte ou preferência musical.

Esses grupos não se comunicam, e com isso as pessoas fogem da interação e convívio e sentem-se bem apenas entre aqueles que já conhecem há tempos. A vida cristã, contudo, estimula uma maior abertura à vida em comunidade. Ou será que é possível amar o próximo (como Jesus prescreve em Lucas 10:29) sem conviver com ele?

É nesse contexto que Jesus expõe a parábola que ficou conhecida como a do "Bom Samaritano". Um israelita, especialista na Lei de Moisés, vai a Jesus para testar seus conhecimentos, e pergunta o que deve fazer para alcançar a vida eterna. Jesus responde o que está na lei — que é necessário amar a Deus sobre todas as coisas e ao próximo como a si mesmo. O homem não se dá por satisfeito e pergunta: "E quem é o meu próximo?" É aí então que Ele conta a história do homem assaltado, espancado e largado à beira da estrada. Um sacerdote e um levita passam por ele e o evitam. O socorro vem de um estrangeiro, da Samaria, com quem os israelitas não se davam.

A conduta esperada do cristão não é a de esconder-se, mas de aproximar-se e ajudar. O pastor Bill Hybels, fundador da igreja de Willow Creek, nos Estados Unidos, e autor de diversos livros sobre liderança cristã, conta que, certa vez, foi abordado por um casal da igreja que pediu que orasse pelo seu bebê. Hybels pegou a criança no colo e, ao olhar para ela, tomou um susto. O bebezinho tinha uma doença congênita que lhe deformava a face de um modo terrível. Percebendo a reação do pastor, o casal explicou que a menina tinha uma síndrome rara e, pelo prognóstico médico, teria muito pouco tempo de vida. Acrescentou ainda que o período entre o diagnóstico, feito antes do nascimento, e os primeiros dias de vida da garotinha tinha sido muito sofrido. Se não fosse pelas orações e pela ajuda de um grupo familiar da própria igreja, eles talvez tivessem perdido a cabeça.

Não seja antissocial. Pode ser que haja alguém por aí precisando de uma oração ou de uma palavra de encorajamento que só poderá vir de você.

E agora?

É preciso ter uma vida de oração permanente e pedir, o revestimento do Espírito Santo para não cair nas ciladas da arrogância e do orgulho. Por meio do profeta Isaías (66:2) Deus assume um compromisso de comunhão que não dá para desprezar; veja só: "A este eu estimo: ao humilde e contrito de espírito, que treme diante da minha palavra."

25

Individualismo & Arrogância

Alegrem-se na esperança, sejam pacientes na tribulação, perseverem na oração (Romanos 12:12).

Você não vive só. Além de estar todo o tempo debaixo do soberano poder de Deus, você se relaciona quase todo o tempo com outras pessoas: pais, filhos, cônjuges, amigos, colegas de trabalho, vizinhos... Jesus deixou uma regra geral a respeito disso. "Um novo mandamento lhes dou: Amem-se uns aos outros. Como eu os amei, vocês devem amar-se uns aos outros", registra João 13:34. Esse é o tema central dos próximos capítulos: os relacionamentos humanos e a maneira como você pode tratá-los em oração.

A sociedade moderna gosta do individualismo e ensina que essa atitude faz parte do jeito certo de viver. Tudo o que você obtém precisa vir pelo seu esforço próprio, sem a ajuda de outros. É preciso ter orgulho do que você faz. Não há problema nisso — na verdade, o esforço das pessoas pode muito bem ser abençoado e abençoador. A dificuldade aparece quando esse raciocínio é levado a extremos. Nesse momento, quem pede ajuda é considerado inexperiente, infantil, imaturo. Um perdedor digno de pena!

Para Deus não há perdedores entre os que seguem a Jesus. Todos são "...mais que vencedores, por meio daquele que nos amou", como observa o livro de Romanos 8:37. E, para sacudir um pouco a tendência ao individualismo, Ele envia pessoas para cuidarem de outras pessoas. Você está esperando que Deus o ajude a resolver algum embaraço em sua vida? É bem provável que a solução passe por outro indivíduo. É em tal momento que a arrogância e orgulho podem colocar tudo a perder.

Talvez você já tenha testemunhado alguma situação assim. Surge algum problema — uma crise familiar, uma questão financeira ou outro caso qualquer. Alguém se dispõe a ajudar, e fica feliz por isso, mas o outro fica envergonhado por ter de receber auxílio. Por quê?

Pense no caso do pastor Martin Luther King, líder nas manifestações que exigiam liberdades civis para os negros dos Estados Unidos. Ele foi desrespeitado, preso, sua casa foi atacada por bombas, mas ele se manteve firme. King orava por justiça para seu povo e conseguiu o que queria — ou, pelo menos, viu muitos de seus sonhos começarem a se concretizar. Ele tinha tudo para se tornar uma pessoa arrogante, pois foi sob sua liderança que direitos negados por muitos anos foram alcançados. Mas ele não parou. Continuou fiel ao sonho que Deus lhe deu, lutando pela igualdade e pelo fim da guerra no Vietnã — fidelidade que lhe custou a vida.

Tudo na vida fica melhor quando atingimos os nossos objetivos, junto às pessoas que nos amam. Coloque isso diante de Deus e Ele o orientará quanto ao que deve ser feito.

▍ E agora?

Você já foi arrogante no trato com pessoas que o amam? Foi arrogante com Deus? Pois veja o que diz o livro de Salmo 5:5, "Os arrogantes não são aceitos na tua presença; odeias todos os que praticam o mal."

Aproveite este momento para pedir a Deus que lhe revele em que você precisa melhorar nos seus relacionamentos.

26
Quem é o juiz?

Não retribuam mal com mal, nem insulto com insulto; ao contrário, bendigam; pois para isso vocês foram chamados, para receberem bênção por herança (1 Pedro 3:9).

Retribuir à altura, pagar na mesma moeda, dar o troco. Três expressões populares com o mesmo significado: vingança. Se alguém fez mal a você, o melhor a fazer é contra-atacar. Afinal, ninguém gosta de levar desaforo para casa. E se o insulto vem de casa, do seu próprio cônjuge, pior ainda. Mas será que vingar-se vai fazer você se sentir melhor?

O mais provável é que não. Por mais que uma pessoa possa achar que fez certo ao retribuir, essa atitude tende a gerar mais antipatia por parte do outro e uma nova tentativa de vingança. Começa então uma escalada, em que cada movimento tende a ser mais drástico do que o outro. Assim chega-se ao desrespeito, à violência, à separação. E ninguém fica satisfeito.

A Bíblia, por outro lado, estabelece um padrão diferente. Veja o que diz o apóstolo Pedro: "Não retribuam a ninguém mal por mal. Procurem fazer o que é correto aos olhos de todos. Façam todo o possível para viver em paz com todos. Amados, nunca procurem vingar-se, mas deixem com Deus a ira, pois está escrito: 'Minha é a vingança; eu retribuirei', diz o

Senhor" (Romanos 12:19). Sendo assim, por que se preocupar com vingança?

O próprio Jesus se pronunciou sobre isso, no Sermão do Monte. O trecho está em Mateus 5:38-41: "Vocês ouviram o que foi dito: 'Olho por olho e dente por dente'", falou Jesus. "Mas eu lhes digo: Não resistam ao perverso. Se alguém o ferir na face direita, ofereça-lhe também a outra. E se alguém quiser processá-lo e tirar-lhe a túnica, deixe que leve também a capa. Se alguém o forçar a caminhar com ele uma milha, vá com ele duas."

Entretanto, é bom colocar aqui uma observação. Obviamente, isso não significa que o cristão deve se submeter a todo tipo de situação humilhante porque não cabe a ele dar o troco. A Bíblia também diz que as pessoas devem desviar-se do mal. Instituições como o Poder Judiciário foram criadas para que as pessoas que praticam o mal paguem, aqui na terra, pelo que fizeram. A questão é que não cabe a ninguém fazer justiça com as próprias mãos, como se diz. Nem mesmo no caso das pequenas vinganças da vida cotidiana.

Se Deus ouve as orações, por que não dividir com Ele a raiva e o desejo de vingança? Deus é muito mais que um refúgio. Ele é o nosso consolador, conselheiro para todas as horas. Derrame diante dele suas decepções e raiva, e Ele o conduzirá ao alívio do seu coração. Quanto a quem o ofendeu... Se Paulo chama Deus de justo Juiz (2 Timóteo 4:8), deve ser por bom motivo, não acha?

Mas não fique remoendo o passado. Aguardar no Senhor é deixar que Ele tome as devidas providências. Jamais deseje em seu coração que Deus puna alguém por seu erro, mas sim que a pessoa venha a reconhecer seu erro e se retratar com Deus. O fato de você estar amargurado impede uma comunhão plena com Deus. Não tente ser o juiz da causa, seja apenas a testemunha da obra da Deus na vida desta pessoa.

Na história da Igreja, quantas pessoas não foram castigadas ou mortas por sua fé? Apesar disso, não foi pela espada que os cristãos deram o troco. Pelo contrário: logo nos primórdios do Cristianismo, quando o Império Romano perseguia e matava, os cristãos também prestavam auxílio aos pagãos em sofrimento. O sociólogo Rodney Stark, que tentou explicar em seu livro *O Crescimento do Cristianismo* (Editora Paulinas) o aumento rápido do número de seguidores de Jesus nos primeiros cinco séculos depois de Cristo, mostra que o cuidado dos cristãos com todos os doentes durante as epidemias de peste fez a fé crescer muito no período. Ele cita uma carta escrita pelo imperador Juliano a um sacerdote dos cultos romanos, tratando do tema: "Os ímpios galileus prestam apoio não apenas a seus pobres, mas também aos nossos; todo mundo pode ver que o nosso povo não conta com nossa ajuda". Vale lembrar que essa ajuda era para o mesmo povo que aplaudia o massacre de cristãos nos circos romanos.

Isso sim é que é dar o troco!

E agora?

Não é nada fácil falar de ofensas do passado, mas por que não fazer diferente? Peça a Deus que sonde seu coração, mostre toda raiva oprimida e a trate. Comece no final do dia, quando estiver sozinho. Para inspirar esse momento, leia o livro de 1 Tessalonicenses 5:9: "Porque Deus não nos destinou para a ira, mas para recebermos a salvação por meio de nosso Senhor Jesus Cristo".

27

Sem palavras

Lancem sobre ele toda a sua ansiedade, porque ele tem cuidado de vocês (1 Pedro 5:7).

Você já percebeu que em alguns momentos o ser humano fica fora do ar? Você está conversando com amigos e de repente sua mente fica longe... Muitas vezes isso se dá por preocupações. Não conseguir se desligar dos problemas atrapalha as tarefas simples do cotidiano.

As questões podem ser diversas: pagar as contas, chefe com temperamento forte, brigas no casamento, falta de dinheiro, ressentimentos. Quase sempre são questões ligadas aos relacionamentos. Saiba que ficar com a cabeça nos problemas e não compartilhar com os outros não resolve nada. Pior: seus amigos farão brincadeiras com você por não saberem o que está acontecendo.

Melhor mudar de atitude e entregar o caso a um amigo especial: Deus. É o que recomenda o apóstolo Pedro, inclusive: "Lancem sobre ele toda a sua ansiedade, porque ele tem cuidado de vocês" (1 Pedro 5:7).

Mas você pode se perguntar como relatar tudo o que sente, se não consegue achar palavras? Quando você se coloca na presença do Senhor, podem faltar palavras, mas Ele já cuidou disso enviando o Espírito Santo. "Da mesma forma o Espírito nos ajuda em nossa fraqueza...", diz o livro de Romanos 8:26, "...pois não sabemos como orar, mas o próprio Espírito intercede por nós com gemidos inexprimíveis". Deus é tão bom que, mesmo quando você não é capaz de pedir ajuda, Ele providencia um atalho.

Mesmo que você esteja orando, tente não falar o tempo todo. Nos momentos de silêncio o Espírito Santo traduz os sentimentos humanos ao Deus Pai. Apenas deixe sua emoção fluir. Pedir orientação, repreensão, sugestões. "Mas o Conselheiro, o Espírito Santo, que o Pai enviará em meu nome, lhes ensinará todas as coisas e lhes fará lembrar tudo o que eu lhes disse", ensina Jesus no livro de João 14:26.

O inglês George Whitefield veio de uma família pobre. Como não tinha condições de pagar seus estudos em Oxford, Inglaterra, fazia pequenos serviços para os colegas. Ganhava para acordá-los, polir seus sapatos e carregar livros, entre outras tarefas... Com o tempo isso se tornou um fardo para ele, que se sentia humilhado por fazê-las. Seu encontro com Deus, em reuniões de estudantes organizadas pelos irmãos Wesley, mudou tudo. Abriu-se a porta para que ele se tornasse um dos maiores pregadores do século 18.

Você está sofrendo com alguma situação incômoda diante de colegas ou da família? Sente-se humilhado? Entregue seus fardos a Deus. Funcionou para Whitefield, funcionará para você!

▍ E agora?

Hoje você vai praticar a oração de uma maneira diferente. Por cinco minutos (para começar), entre na presença de Deus e não diga uma palavra. Sinta a presença do Senhor e você vai perceber que as palavras, após um tempo de silêncio, começarão a fluir.

28

Sobre motivações

O mundo e a sua cobiça passam, mas aquele que faz a vontade de Deus permanece para sempre (1 João 2:17).

Há quem diga por aí que a ganância é um dos males do mundo atual. Na verdade, isso depende de como essa palavra é interpretada e, se você consultar o dicionário, perceberá que ela tem pelo menos dois significados diferentes. Alguns a usam como sinônimo de ambição, para descrever aquele sentimento que faz as pessoas não se contentarem com seu modo de vida atual e sonharem em alcançar mais. Por esse lado, trata-se de uma coisa boa, que dá origem ao empreendedorismo e resulta em melhorias na qualidade de vida.

Quando a palavra se refere às pessoas que querem se *dar* bem passando a perna nos outros — ou seja, de modo desleal e desonesto, realmente ela é um problema. Não um problema moderno, visto que se repete geração após geração, mas sem dúvida é algo muito ruim.

O que diferenciam essas duas conotações da mesma palavra? Basicamente, a forma como são tratadas as outras pessoas, seus atributos e suas propriedades. Você pode ambicionar um cargo mais alto na empresa em que trabalha, ou você pode ambicionar o cargo do seu chefe. Percebeu a diferença?

A essa altura, seria redundante relembrar aqui as promessas de sustento que Deus tem para aqueles que o seguem — sim, você deve se lembrar das aves do céu e dos lírios do campo, citados no livro de Mateus 6. Jesus observa que Deus proverá ainda mais a nós, e diz para buscarmos primeiro o Reino de Deus e a Sua justiça; o mais virá dele. Você já sabe disso!

Deus não promete a satisfação de todos os desejos às pessoas. Até porque há um grande risco nisso; de os pedidos feitos em oração terem motivações erradas. Tiago discorre sobre isso em sua epístola, numa advertência muito dura que está no capítulo 4:2,3, "Vocês cobiçam coisas, e não as têm; matam e invejam, mas não conseguem obter o que desejam", diz. "Vocês vivem a lutar e a fazer guerras. Não têm, porque não pedem. Quando pedem, não recebem, pois pedem por motivos errados, para gastar em seus prazeres."

Tiago prossegue, contando que "...Quem quer ser amigo do mundo faz-se inimigo de Deus (Tiago 4:4)". Essa é uma questão de prioridades: quem quer ser amigo de Deus o coloca em primeiro lugar. Se Ele não é a prioridade, então as outras coisas; *o mundo*, conforme diz o versículo, está na frente, é assim que se cria inimizade com Deus.

Ao orar pelos seus relacionamentos, lembre-se de submeter ao Senhor as suas motivações e de pedir a Ele perdão pelos pecados cometidos em seus relacionamentos pessoais. Você pode fazer isso daquela forma silenciosa, proposta no capítulo anterior, ou repetindo a fórmula do Salmo 139, que diz "Sonda-me, Senhor!"

E agora?

Faça um autoexame agora. Se pudesse tirar uma radiografia de sua alma, como seria revelada a maneira de você conquistar seus objetivos? Dobre seus joelhos diante de Deus e peça-lhe o Espírito Santo para falar a você o quanto suas ambições podem estar impedindo uma plena comunhão com Deus e um relacionamento saudável com as pessoas ao seu redor.

Semana 5

O que orar?

Comprometendo-se com o Reino de Deus

Versículo para decorar:

Venha o teu Reino; seja feita a tua vontade, assim na terra como nos céus (Mateus 6:10).

29

Pode ser melhor

Não se amoldem ao padrão deste mundo, mas transformem-se pela renovação da sua mente, para que sejam capazes de experimentar e comprovar a boa, agradável e perfeita vontade de Deus (Romanos 12:2).

O MUNDO ANDOU MUDANDO nos últimos 30 ou 40 anos. Com a globalização e a valorização dos direitos humanos surgiu uma noção de cidadania global, que valoriza as pessoas, independentemente de etnia, condição social ou local de residência. Por todos os pontos de vista, foi um tremendo avanço. A ideia de uma nova conduta social levou à criação de políticas para o combate à fome, à pobreza e ao analfabetismo; prevenção à AIDS; proteção à maternidade, infância e adolescência; ajuda a grupos minoritários; preservação do meio ambiente e tantas outras.

Não seria de estranhar se estas propostas tivessem nascido dentro da igreja, mas não foi o caso. Instituições de vários tipos mundo afora estão assumindo bandeiras que deveriam ser da Igreja de Cristo — no tempo da igreja primitiva, descrita no livro de Atos, os cristãos eram reconhecidos pelo seu amor e pelo repartir dos bens. A igreja perdeu sua *liderança*, digamos, no propósito de fazer o bem em todo o mundo. O que é uma pena, porque a transformação de vidas que vem do conhecimento de Cristo é completa.

A diferença essencial no jeito cristão de fazer ação social está na motivação. Não é apenas um desejo de ajudar (essencial, é importante registrar), mas um impulso dado pelo Espírito Santo que habita o coração de cada cristão e lá instala, entre outras características, a compaixão pelos que sofrem. Veja como o profeta Isaías fala sobre a missão que Deus deu para sua vida pessoal:

> O Espírito do Soberano, o Senhor, está sobre mim, porque o Senhor ungiu-me para levar boas notícias aos pobres. Enviou-me para cuidar dos que estão com o coração quebrantado, anunciar liberdade aos cativos e libertação das trevas aos prisioneiros, a para proclamar o ano da bondade do Senhor e o dia da vingança do nosso Deus; para consolar todos os que andam tristes, e dar a todos os que choram em Sião uma bela coroa em vez de cinzas, o óleo da alegria em vez de pranto, e um manto de louvor em vez de espírito deprimido. Eles serão chamados carvalhos de justiça, plantio do Senhor, para manifestação da sua glória (Isaías 61:1-3).

No Novo Testamento, uma missão semelhante é dada aos apóstolos no livro de Atos 1:8, "Mas receberão poder quando o Espírito Santo descer sobre vocês, e serão minhas testemunhas em Jerusalém, em toda a Judeia e Samaria, e até os confins da terra."

Ser testemunha de Deus como no livro de Atos, ou ser um missionário, libertador e evangelista, como foi Isaías, não depende de vontade própria. Ser cristão também não é uma escolha pessoal ou algo que se conquiste através de uma conduta. Para ser cristão é necessário ter sido selado e ser guiado pelo Espírito Santo de Deus. Não há outro diferencial que possa identificar você como cristão, senão a presença do Espírito Santo em sua vida.

Nos próximos capítulos você será estimulado a orar pelo seu comprometimento com o reino de Deus. Lembre-se que, no Pai Nosso, Jesus ensina a orar para que "Venha a nós o teu Reino...". Esse Reino não é de injustiça, mas de fraternidade. Não é de doenças, mas de assistência. Também não admite desigualdade, porque Deus não faz acepção de pessoas. Há um papel para você na transformação dessa terra em uma filial do Reino.

Ainda que o mundo seja um pouco menos desigual e injusto do que já foi no passado, há muito que melhorar — e com Jesus a transformação tende a ser mais completa. Veja o caso de Kay Warren, esposa do pastor Rick Warren, um dos líderes cristãos mais influentes dos Estados Unidos na atualidade. Sua posição dentro da igreja era tranquila, à frente de um grupo de mulheres. Deus, entretanto, a desafiou a fazer mais. Tudo começou com visitas aos países africanos em viagens missionárias. Sua inquietação, levada a Deus em orações, era: "o que fazer por essas pessoas pobres e doentes?" Dessa inquietação nasceu um movimento internacional de evangelização e assistência às mulheres com AIDS na África.

Já havia outros grupos que prestavam esse tipo de assistência. Mas com Deus é possível fazer mais do que confortar pessoas. Ele pode salvá-las.

▌ E agora?

Pelos próximos dias, busque um avivamento do Espírito Santo em sua vida a tal ponto que possa sentir o fluir da graça de Deus. Para orientar sua meditação, leia o livro de 1 Reis 19:9-13. Assim como Elias encontrou a voz de Deus na brisa suave, busque-o em oração e surpreenda-se no silêncio do seu quarto.

30
Quem influencia quem?

Certa vez, tendo sido interrogado pelos fariseus sobre quando viria o Reino de Deus, Jesus respondeu: "O Reino de Deus não vem de modo visível, nem se dirá: 'Aqui está ele', ou 'Lá está'; porque o Reino de Deus está entre vocês" (Lucas 17:20,21).

ÀS VEZES AS DIFICULDADES de cada dia são tantas que o cristão deseja que Jesus volte logo, para que ele possa desfrutar de um mundo melhor. Embora seja um pensamento piedoso, ele não é de todo correto. Ao ser crucificado, Jesus estabeleceu o Seu reino para sempre entre nós. Ao subir ao céu, Jesus nos deixou o Espírito Santo para dialogar conosco de forma que, juntos, possamos expandir o reino de Deus na terra.

Fica difícil, entretanto, discernir esse reino em meio às tantas tarefas que desempenhamos e à confusão impessoal dos aglomerados urbanos. Nesse ambiente, o cristão precisa estar alerta para não ser influenciado em vez de influenciar. Um mundo conturbado e austero, mas ao mesmo tempo atrativo em diversos aspectos. Cruel por um lado, mas sedutor por outro.

A ciência tem vivido um momento histórico. A medicina tem trazido cura e esperança a milhares de pessoas, que hoje aspiram à longevidade. Estatísticas apontam que o ser humano segue para um envelhecimento mais sadio e duradouro. A tecnologia trouxe alternativas fantásticas de entretenimento. Parece bom, não é mesmo?

Esses, entretanto, não são aspectos-chave do reino de Deus na terra — muito embora eles tenham sido alcançados, muitas vezes, por pessoas com excelentes intenções. O reino de Deus se revela nas questões morais e nas relações entre os indivíduos. Por esse lado, os avanços não parecem ter sido tantos. Na verdade, a humanidade tem caminhado a passos muito lentos nessa área.

O cristão comprometido deve se perguntar: como influenciar, de modo a deixar nesta sociedade marcas do reino de Deus e não se conformar com a crueldade?

A Bíblia tem a resposta. "Assim conhecemos o amor que Deus tem por nós e confiamos nesse amor. Deus é amor. Todo aquele que permanece no amor permanece em Deus, e Deus nele. Dessa forma o amor está aperfeiçoado entre nós, para que no dia do juízo tenhamos confiança, porque neste mundo somos como ele" (1 João 4:16,17).

O ministro evangélico coreano, pastor Paul Yonggi Cho, de uma igreja que conta com 800 mil membros, destaca em seu livro *Orando com Jesus* (Editora Vida) que, quando você ora "venha o teu reino", deve se lembrar de que Deus se apossa do seu coração. Mas essa súplica implica em completa dedicação ao Senhor e na incumbência de pregar que o reino de Deus está próximo.

Assim sendo, faz-se necessário agir e, com a ajuda do Espírito Santo, expandir as fronteiras do nosso coração, levando o amor e a graça de Deus a todos que se encontram próximos a nós.

E agora?

Hoje você pode tomar a decisão de trabalhar pelo reino de Deus, e isso não envolve grandes estratégias. As coisas de Deus são muito simples, basta dar o primeiro passo. Fale do que Deus tem feito a você, dessa forma, estará impactando as pessoas pelo que elas podem ver da graça de Deus em você. O Espírito Santo completará a obra.

31

Construção

Portanto, quem ouve estas minhas palavras e as pratica é como um homem prudente que construiu a sua casa sobre a rocha. Caiu a chuva, transbordaram os rios, sopraram os ventos e deram contra aquela casa, e ela não caiu, porque tinha seus alicerces na rocha (Mateus 7:24,25).

Você já parou para pensar que, para constituir uma família, o processo envolve estratégias semelhantes às de uma construção? Exige muito planejamento e investimento, e não apenas financeiro. E há um lugar muito importante para a oração nesse processo.

Não esqueça que as ferramentas dessa construção não são estruturas metálicas ou de concreto, mas os sentimentos, demonstrações de afeto; o cuidado, o toque, a atenção e exemplos de: humildade, flexibilidade, tolerância, mansidão e paciência. As estruturas usadas para construir podem utilizar-se da mais alta tecnologia de resistência, mas se não estiverem edificando uma construção em solo firme, de nada adiantarão. Elas ruirão nas primeiras contingências.

Outra peça importante em uma construção é o engenheiro que dirige todo o processo. Seus conhecimentos são fundamentais para que a construção resista a todas as circunstâncias que porventura surjam. E nesse sentido, Deus representa esse profissional na construção da família, pois ela é um projeto de Deus e existe para a glória dele. É fundamental que Ele seja convidado a habitar com a família. Com a supervisão de Deus, a família estará mais segura e alerta aos sinais que indicam problemas em suas estruturas, em suas atitudes. Deus pode indicar o que é necessário corrigir para se chegar a uma solução. Ao tratarmos as questões familiares com discernimento, amor e sabedoria, o que antes era um enorme problema se transforma em bênção e o nome do Pai é glorificado.

Existe ainda outro item que não pode faltar na edificação de uma família: a comunicação. E quando vêm os filhos, o cuidado deve ser ainda maior, pois manter a comunicação entre o esposo e esposa, pais e filhos, irmãos e irmãs, não é tarefa fácil, mas acredite, é possível. É importante ser participativo no sistema familiar; orientando, ensinando, orando e meditando na Palavra de Deus juntos.

Aliado à comunicação está o tempo que se investe na família. Deve haver um esforço de cada membro, de modo que cada um contribua com o seu melhor para o crescimento e bem-estar desse núcleo. Não importa quanto tempo você dispõe para ficar com sua família, mas o importante é a maneira como você vai administrar esse tempo.

Muitas famílias se esquecem de que a diversão e o prazer fazem parte do modelo e exemplo de convivência familiar. É necessário dar a nossos filhos um exemplo vivo, no qual o prazer em compartilhar momentos felizes e tristes, vitórias e derrotas, acertos e falhas, lhes dará a base para a construção dos seus próprios relacionamentos.

Os filhos precisam de pais atuantes na sua educação e desenvolvimento. Pais que estejam dispostos a dar suporte emocional, religioso, pedagógico, educacional e espiritual, para fortalecer os laços familiares. Para solidificar esses laços e garantir que cada peça esteja firmemente ligada às outras, o cimento da oração é indispensável. Mais do que isso: haverá momentos em que pais e filhos estarão fisicamente afastados — afinal, isso faz parte da lógica da vida e dos relacionamentos. Mesmo distantes, eles não estarão desamparados porque a mão de Deus poderá alcançar e protegê-los onde quer que forem. Por meio da oração você pode clamar por essa proteção.

Doses equilibradas de carinho, afeto e atenção, acompanhados de regras claras e orações intercessórias levam à construção de pessoas responsáveis, autoconfiantes e afetivas. Não seria essa a verdadeira vontade de Deus para a nossa família — a manifestação de amor por nossas crianças?

E agora?

Deus tem pressa em restaurar as famílias que estão se desintegrando. Para isso Ele conta com você. Pense em estabelecer um "contrato familiar" em que, pelo menos uma vez por semana, você dedicará um tempo exclusivo para a família. Nesse dia, não assista ao jornal, não fale ao telefone (se necessário, desligue) e invista na família. Não importa qual a sua posição na estrutura familiar; pai, mãe, filho, filha, apenas dedique-se a cultivar laços. E, se você é muito requisitado por amigos, parentes ou mesmo pelo trabalho que traz para casa, divulgue o contrato que estabeleceu com a família àqueles que porventura poderão atrapalhar. Dessa forma você não só será respeitado, como influenciará outros a fazerem o mesmo.

32

Ovelhas perdidas

E aquele que sonda os corações conhece a intenção do Espírito, porque o Espírito intercede pelos santos de acordo com a vontade de Deus (Romanos 8: 27).

Você tem orado por pessoas que não conhecem a Deus, tanto pelas que estão mais próximas (seus parentes e amigos) quanto pelas distantes (povos não alcançados pelo evangelho ou regiões onde a pregação é proibida, como a Coreia do Norte e o Afeganistão)? Tem pedido a Ele que transforme corações e mentes, para que mais pessoas sejam salvas? Essa também é uma maneira de dizer "venha a nós o teu Reino".

De fato, o próprio Jesus ensinou assim. Ao contar a parábola da ovelha perdida — aquela em que o pastor deixa 99 ovelhas para procurar a única que havia se afastado do rebanho, e alegra-se muito ao encontrá-la, Ele complementa assim, para que ninguém fique com dúvida: "Da mesma forma, o Pai de vocês, que está nos céus, não quer que nenhum destes pequeninos se perca" (Mateus 18:14).

A Bíblia também ensina que, ao orar, deve-se focar na vontade do Pai. "Esta é a confiança que temos ao nos aproximarmos de Deus: se pedirmos alguma coisa de acordo com a vontade de Deus, ele nos ouvirá", diz o livro de 1 João 5: 14,15. "E se sabemos que ele nos ouve em tudo o que pedimos, sabemos que temos o que dele pedimos." A oração é um instrumento para propagar o reino de Deus nesta terra.

O pastor norte-americano Sammy Tippit descobriu esse valor logo no início de seu ministério, quando foi convidado pelo pastor L. L. Morris, um homem com um coração submisso a Deus, a fazer uma série de conferências evangelísticas em sua pequena igreja Batista na Louisiana. No auge da Guerra do Vietnã, a comunidade não se interessava por assuntos espirituais e os padrões seculares estavam presentes na igreja. Desanimado, Tippit pensou em desistir, mas as palavras do pastor Morris eram: "eu estou orando", e junto a estas, a certeza de que tudo daria certo por entender a vontade de Deus para aquela comunidade.

Dia após dia, Tippit pôde ver milagres acontecendo. A conferência, que teve início com menos de 40 pessoas, terminou com cerca de três mil. O templo se tornou pequeno, a conferência evangelística se mudou para o campus de uma universidade e, mesmo lá, já faltava espaço. O pastor Morris continuou orando e, como resultado da intervenção divina, eles ganharam um espaço na televisão local e o direito de ter suas reuniões no centro cívico da cidade. Assim, uma comunidade foi transformada. Conhecendo o poder da oração com essas experiências, Tippit foi impulsionado ao ministério de evangelismo.

Deus tem propósitos a realizar também em sua comunidade, mas para isso precisa de cristãos comprometidos em oração, que respeitem e descubram a vontade de Deus. E neste sentido, o reformador João Calvino, no século 15, escreveu que a nossa fé não consiste apenas em conhecer a Deus, mas também conhecer a Sua divina vontade.

Como orar conhecendo a vontade de Deus? Colocando os nossos desejos em harmonia com os sagrados planos do nosso Senhor. Assim sendo, a marca da oração deve ser a de um coração sincero e submisso em estar no centro da vontade de Deus, pois se o Espírito Santo intercede por nós, não são pelos nossos desejos, mas para que cumpramos a vontade do Pai.

▪ E agora?

A carência espiritual de nossa sociedade não difere muito daquela com que Sammy Tippit conviveu na década de 1960. No entanto, temos ao nosso favor a tecnologia das redes sociais e a possibilidade de, em poucos minutos, atingir milhares de pessoas. Você pode se submeter agora à vontade de Deus, questionando qual é a sua parte na propagação do reino com essa ou outra ferramenta. Mostre ao mundo o amor de Cristo e o Seu reino vindo a nós.

33

Ouça a brisa

"Eis que estou à porta e bato. Se alguém ouvir a minha voz e abrir a porta, entrarei e cearei com ele, e ele comigo" (Apocalipse 3:20).

PODE PARECER ABSURDO, mas muitos cristãos não têm uma vida de oração por não acreditarem ser possível ouvir a voz de Deus. Eles creem, leem a Bíblia, frequentam cultos e a Escola Dominical, mas, quando o assunto é ouvir a voz de Deus, tornam-se apáticos. "Ouvir Deus falando é coisa de pastor e ministro que tem de preparar a mensagem!", dizem. "No culto de hoje o Senhor falou poderosamente por meio de seu servo!", muitos comentam. Você já deve ter ouvido esse tipo de comentário, não?

O outro lado da moeda vem de frases como "esperar por uma resposta", "aguardar no Senhor pela promessa" e outras tantas que passaram a compor o vocabulário falado por muitos cristãos. Em que acreditar e como podemos materializar a voz de Deus a ponto de conseguirmos ouvi-lo? Mais: é possível comprometer-se com o reino de Deus sem ouvir a Sua orientação?

Você está sujeito a inúmeros sons e estímulos durante o dia. A variação do dólar, o aumento da gasolina, o acidente e congestionamento, o relatório que está atrasado e a conta que irá vencer, entre outros acontecimentos diários que tomam sua atenção e seu tempo. Esses estímulos podem contribuir para que você endureça o coração e deixe de perceber o que está abaixo da superfície: o olhar de frustração do filho ao receber um não para a brincadeira que queria mostrar; a comida feita com carinho; a nova roupa ou corte de cabelo que você não nota na pessoa amada. Uma notícia importante para você: comprometer-se com o reino de Deus exige comprometimento com as pessoas que Ele ama.

Como, então, ouvir a voz de Deus? Ele deveria falar por meio de um trovão ou de um terremoto para receber atenção? Durante muito tempo a humanidade associou catástrofes naturais às manifestações das divindades. Elias viveu essa situação, descrita no livro de 1 Reis 19:11-13: "O Senhor lhe disse: 'Saia e fique no monte, na presença do Senhor, pois o Senhor vai passar'. Então veio um vento fortíssimo que separou os montes e esmigalhou as rochas diante do Senhor, mas o Senhor não estava no vento. Depois do vento houve um terremoto, mas o Senhor não estava no terremoto. Depois do terremoto houve um fogo, mas o Senhor não estava nele. E depois do fogo houve o murmúrio de uma brisa suave. Quando Elias ouviu, puxou a capa para cobrir o rosto, saiu e ficou à entrada da caverna. E uma voz lhe perguntou: O que você está fazendo aqui, Elias?"

Elias vivia o estresse do seu tempo. Havia saído de um confronto com os profetas de Baal. O sobrenatural de Deus se manifestou e caiu fogo sobre o altar e consumiu o holocausto, a lenha, as pedras e o chão, e também secou totalmente a água na valeta. Elias, então, entrou num turbilhão: matou todos os profetas de Baal, recebeu a mensagem de que seria morto, fugiu pelo deserto, pediu sua morte, foi alimentado por anjos e corvos, viajou 40 dias e 40 noites até chegar e subir o monte Sinai. Mesmo em meio a todo este redemoinho de informações, Elias ouviu a voz de Deus no silêncio.

Esta experiência nos ensina algumas lições:
- a vida é dura, mesmo para um profeta. Então não reclame do seu cotidiano, enfrente seus desafios com santidade. É para isso que você vive, glorificar a Deus.
- preocupe-se em compreender a vontade de Deus e cuide para que o seu agir esteja no centro da Sua vontade;
- ouça e obedeça precisamente as ordens de Deus;
- documente tudo. Lembranças de respostas e desafios de oração atendidos ensinam a compreender o caráter de Deus.

E agora?

Separe um local e tempo para ficar em silêncio, longe de tudo e de todos. Torne este momento um hábito diário. Exercite seu espírito a ouvir a voz de Deus. Você pode louvar e cantar, mas só depois de dar preferência ao tempo de conversa com Deus. Fale, argumente, pergunte e aguarde a resposta. Textos bíblicos virão a sua mente para confrontar as questões. Ouça a voz do Espírito Santo.

34

Sobre cristãos e cadeiras

Portanto, irmãos, rogo-lhes pelas misericórdias de Deus que se ofereçam em sacrifício vivo, santo e agradável a Deus; este é o culto racional de vocês (Romanos 12:1).

TALVEZ VOCÊ JÁ TENHA OUVIDO alguém dizer que precisa de Deus, mas não de uma igreja. Você concorda?

A igreja — ou igrejas, já que, nesse caso, estamos falando do conjunto de seguidores de Cristo, têm uma missão, que é importante e não pode ser repassada a ninguém. Cabe a estas colocar em prática o imensurável amor de Deus, concretizado através do exemplo de vida e de um profundo compromisso cristão, e dar às pessoas condições de entender esse amor.

Esse compromisso deveria ser reconhecido pelo mundo no andar diário das pessoas que compõem uma igreja; pelos seus valores, sua conduta e, principalmente, pelo amor que demonstram. Isso fica bem claro no relato de como era a igreja primitiva, como crescia pela graça de Deus e pela simpatia reconhecida em suas ações. "Todos os dias, continuavam a reunir-se no pátio do templo. Partiam o pão em suas casas, e juntos participavam das refeições, com alegria e sinceridade de coração, louvando a Deus e tendo a simpatia de todo o povo.

E o Senhor lhes acrescentava diariamente os que iam sendo salvos", conta o livro dos Atos dos Apóstolos 2:46,47.

Em seu livro *Crescimento Integral da Igreja* (Editora Vida), o pastor Paschoal Piragine Jr. define que "a missão da igreja não é apenas ser boca de Jesus neste mundo: é ser suas mãos; é ser o reflexo do coração de Jesus para o povo; é servir com amor a fim de continuar a obra do nosso Salvador". Essa é uma das formas de traduzir para o contexto atual a igreja que o livro de Atos descreve.

Em muitos aspectos, a sociedade de hoje pode ser bem pouco humana. Drogas, sequestros e tantas outras notícias que anos atrás se tornavam manchete hoje são corriqueiras. Mata-se por uma pedra de crack, ou pela dívida contraída em troca dela. Mata-se por um lugar na fila ou por uma fechada no trânsito. As igrejas participam desta mesma sociedade, dividindo o espaço físico e muitas vezes até o público. Por que, então, elas não geram impacto semelhante ao da igreja primitiva?

Talvez tenhamos bancos e cadeiras repletos de uma assistência ávida por música. Quem sabe até tenhamos pessoas que, ao frequentarem a igreja, sintam-se confortadas e alimentadas para superar a semana seguinte. Esta rotina se repete semanalmente, mês a mês, numa busca constante. Mas a igreja de Jesus Cristo não está no mundo para servir a liturgia e os serviços eclesiásticos. Tampouco restringe-se ao templo, a um espaço geográfico ou aos horários de funcionamento. Para o cristão, seu próprio corpo é um templo. Sua vida e testemunho pessoal devem prestar cultos a Deus, de forma que, toda vez que o seguidor de Cristo for visto, o nome do Senhor seja glorificado.

Conta-se que, na Alemanha, após a reforma da igreja iniciada pelas 95 teses de Lutero, quem comprava uma cadeira costumava olhar o assento pelo lado de baixo. Se tivesse o mesmo padrão de acabamento que a parte visível do assento, ele teria certeza que ela havia sido feita por um protestante — o que era sinônimo de boa qualidade e procedência. A qualidade apresentada, na verdade, era apenas um reflexo da atitude do marceneiro que entendia que a glória e perfeição de Deus deveriam se manifestar nos móveis construídos, inclusive nas partes não visíveis. Apesar de não ter sido uma estratégia intencional para agregar valor ou posicionar o produto no mercado, o valor e a qualidade foram reconhecidos. Também foi reconhecido o fato de um cristão ter executado o serviço, e assim glorificado a Deus por intermédio de seu trabalho e testemunho de vida.

Comparar uma pessoa a uma cadeira pode parecer absurdo, mas, muitas vezes, ao contrário do marceneiro, não temos o mesmo cuidado em nosso interior. Nossa aparência é de metal que retine e brilha, mas internamente não temos a santidade exigida para que Deus tome assento em nossas vidas. Outras vezes, *arranhamos* nosso acabamento, damos um péssimo exemplo com nossa conduta exterior e deixamos de glorificar a Deus.

Estar em uma igreja não nos torna igreja. Viver em comunhão na vontade e santidade exigida pelo Pai, sim. E quando a igreja exerce realmente o seu papel e influência, esta vai muito além de comunicar o evangelho, a fé ou a prática religiosa que muitas vezes está restrita às quatro paredes do templo. A missão da igreja passa pelo resgate da criação, trazendo à luz a verdade, descortinando as mentiras da humanidade, redefinindo e resgatando a história, a política, o comércio, as relações sociais e a cultura. A igreja passa a ser transformadora do seu entorno. Esse mover não se dá somente durante os cânticos ou na entrega da Palavra do Senhor no templo. Ele se dá por meio da vida de cada membro nas ruas; amando, doando-se, atendendo ao necessitado, levando a verdade e a libertação aos cativos.

E agora?

A igreja tem por vocação a missão de Jesus, a de levar ao mundo o amor de Deus, reconciliando o homem com Deus. Peça a Ele que purifique o seu coração e mostre o padrão de homem e mulher que Ele espera. Peça que lhe mostre a forma como você pode fazer parte dessa igreja, usando os seus dons, talentos e tudo mais que Ele lhe tem dado.

35

Da empresa para as pessoas

Aproximando-se o tempo em que seria elevado aos céus, Jesus partiu resolutamente em direção a Jerusalém
(Lucas 9:51).

NÃO SÃO POUCOS OS LIVROS que tratam da visão, missão e valores no ambiente empresarial. Esses temas são importantes para as corporações porque definem a sua personalidade, de modo que a sua forma de ser e de agir tenha continuidade, mesmo que os dirigentes mudem.

Além disso, visão, missão e valores servem de base para o planejamento de longo prazo, chamado de *estratégico* no jargão das empresas. É a partir dele que as companhias traçam suas metas, programam sua expansão, pensam em novos produtos e serviços. A empresa que não fez essa lição de casa fica sem condições de programar o seu futuro. Acaba tendo de resolver seus problemas de forma imediatista, sem olhar para o mercado ou considerar padrões que podem se transformar em oportunidades ou em situações de risco.

Não são poucas as pessoas que vivem da mesma forma. Não sabem a razão de estarem onde estão nem para onde desejam ir. Falta-lhes um plano abrangente, que os coloque numa perspectiva mais ampla do que a sua própria vida. Falta-lhes uma missão perene, sustentável, pautada pela continuidade.

A missão pessoal de Jesus, Sua integridade e Sua identidade em momento algum tiveram qualquer sombra de variação, apesar de terem sido colocadas à prova várias vezes. Isso porque Jesus conhecia Sua missão, o motivo de Sua existência, Sua linhagem. E tinha os atributos de Filho de Deus, mesmo vivendo dentro de um contexto de humanidade. Sua missão havia sido planejada antecipadamente pelo Pai, foi profetizada no Antigo Testamento e se concretizou através da Sua vida. Ao assumir Sua missão, Jesus sabia que esta o levaria à morte. "Aproximando-se o tempo em que seria elevado aos céus, Jesus partiu resolutamente em direção a Jerusalém", relata o livro de Lucas 9:51.

Na teologia de Lutero, a realização da missão está baseada no sacerdócio universal de todos os cristãos — ou seja, na ideia de que todos os seguidores de Jesus são responsáveis individualmente por realizar os planos de Deus. Essa é mais uma das dimensões daquela sucessão de frases curtas que oramos no Pai Nosso: "Venha o teu Reino; seja feita a tua vontade, assim na terra como no céu". Ao orar assim, você está legitimando em sua vida o senhorio de Deus.

Dawson Trotman, fundador do grupo de evangelismo conhecido como *Navegadores*, fundamentou seu trabalho na oração. Por isso esteve sempre disposto a mudar seu modo de agir caso percebesse que era essa a vontade de Deus. Certa ocasião, ele deu carona a um homem que, pelo seu linguajar, demonstrava que não era cristão. Depois de algum tempo de conversa, entretanto, ele descobriu que se tratava de um jovem que havia participado de encontros com ele próprio no ano anterior. Ele havia feito uma oração de conversão, mas, como não teve acompanhamento, sua vida não mudou. Então Trotman se deu conta de que estava fazendo algo errado, e redirecionou todos os seus esforços para dar suporte aos novos convertidos. Uma decisão como essa, que muda toda uma organização e sua forma de agir, só poderia ser tomada por alguém que leva a sério a sua missão.

O maior desafio na sua vida é manter a sua intimidade com Deus, a ponto de saber para o que Ele o criou.

E agora?

Leia o livro de Lucas 24:13-35. É o trecho em que Jesus, já ressuscitado, encontra-se com dois discípulos que caminham em direção à localidade de Emaús.

Você já pode ter se encontrado com Jesus, como aqueles dois, mas talvez ainda não o tenha reconhecido em todos os seus caminhos. Nesse caso, repita em oração o pedido que renovou a missão de vida deles: "Fique conosco, pois a noite já vem; o dia já está quase findando."

O que aconteceu depois? "Então, ele entrou para ficar com eles", afirma o versículo 29.

Que o mesmo ocorra com você.

Semana 6

Os segredos da oração

Versículo para decorar:

Peçam, e lhes será dado; busquem, e encontrarão; batam, e a porta lhes será aberta. Pois todo o que pede, recebe; o que busca, encontra; e àquele que bate, a porta será aberta (Mateus 7:7-8).

36

Quero mais!

Não sejam iguais a eles, porque o seu Pai sabe do que vocês precisam, antes mesmo de o pedirem (Mateus 6:8).

QUANDO VOCÊ ABRE OS classificados de jornais, um pouco depois do espaço destinado à compra e venda de imóveis e de carros, você quase sempre encontra uma espécie de anúncio diferente. São orações por escrito. Elas sempre são parecidas, dizem algo como: "faça essa oração por dez dias e publique no último", "faça três pedidos, sendo um impossível" e assim por diante. Todos esses anúncios proclamam ser essa uma "oração poderosa".

Há algo de estranho nisso. Oração nenhuma tem poder, assim como a pessoa que ora também é tão frágil e vulnerável quanto qualquer outro ser humano neste planeta. Poderoso é aquele a quem as orações são destinadas — Deus, Criador e sustentador do Universo. É claro que todos nós queremos que nossas orações sejam atendidas por Ele, mas não é uma fórmula publicada em jornal que fará diferença nesse caso.

A chave para entender o porquê está no livro de Mateus 6:8, um pouco antes de Jesus ensinar o Pai Nosso aos discípulos. Falando sobre os pagãos, pessoas que cultuavam outras divindades, como os deuses romanos e dos países vizinhos à

Judeia, Ele critica sua forma de orar e faz a seguinte advertência: "Não sejam iguais a eles, porque o seu Pai sabe do que vocês precisam, antes mesmo de o pedirem".

Essa é uma informação que costuma dar *um nó* na cabeça de muita gente. Jesus diz que devemos orar. Paulo exorta a orar "continuamente". Mas por que fazer isso, se Deus já sabe tudo de antemão?

Se a oração fosse apenas um amontoado de pedidos a Deus, ela seria totalmente dispensável. Mas já vimos que não é para ser assim. Não é por acaso que o Pai Nosso já começa com uma confissão de que o homem é submisso a Deus, e não o contrário. É o que significa "Venha a nós o teu Reino, seja feita a tua vontade". Oração é uma forma de manter contato com Deus, abrir o coração para Ele e conhecer o que Ele planeja para a sua vida.

A turma que busca a oração poderosa muitas vezes quer conhecer palavras mágicas capazes de fazer Deus mudar de ideia, de modo que seja Ele a obedecer, e não o contrário. Querem dar ordens a Deus. Essa é uma má ideia, porque a Bíblia manda fazer o contrário. "Portanto, submetam-se a Deus", orienta o livro de Tiago 4:7, e continua: "...Resistam ao Diabo, e ele fugirá de vocês".

Um retrato irônico da atitude errônea desse grupo está na música *Mercedes Benz*, da roqueira Janis Joplin: "Oh Senhor, compra pra mim uma *Mercedes Benz*?/Meus amigos todos têm *Porsches*, eu preciso dar o troco./Trabalhei duro a vida toda, eles nunca me ajudaram./Então, Senhor, compra pra mim uma *Mercedes Benz*?"

Janis Joplin não foi teóloga, seu comportamento aponta para outro lado, já que ela teve uma vida de excessos que se encerrou prematuramente devido a uma overdose de heroína. Mas a composição que fez (com dois coautores, Michael McClure e Bob Neuwirth) retrata bem o modo de pensar de bastante gente.

As "orações poderosas" do jornal têm mais dois defeitos: sua forma repetitiva e a sua publicação. Mas isso fica para outro capítulo.

▌ E agora?

"Não peça para Deus abençoar o que você está fazendo. Descubra o que Deus está fazendo e faça parte. Isso já está abençoado." A frase foi dita em uma palestra pelo músico Bono, líder da banda *U2*, e reflete um ponto importante da vida cristã: a ação. Submeter-se a Deus não é algo que você deva fazer apenas em oração, mas também em atos práticos da vida.

Em seu momento de oração, hoje, pergunte a Deus em qual (ou quais) das muitas atividades da igreja Ele deseja que você se engaje. Fique aberto ao que Ele lhe disser, seja por meio da Bíblia ou das pessoas que Ele colocar em seu caminho nos próximos dias.

37

Fé sem *fast food*

Ao jejuar, arrume o cabelo e lave o rosto, para que não pareça aos outros que você está jejuando, mas apenas a seu Pai, que vê em secreto. E seu Pai, que vê em secreto, o recompensará (Mateus 6:17,18).

NUMA ERA EM QUE OS *fast foods* (alimentos rápidos) se multiplicam e comer está relacionado diretamente com o prazer, fica difícil falar sobre jejum. Talvez até a ideia moderna a respeito dele esteja errada. Quando você pensa em jejum, o que vem à sua mente? Um monge, com uma barba comprida, sentado numa praça fazendo cara de piedade pra que sua voz seja ouvida? Ou talvez uma greve de fome, como manifestação política?

Nada mais distante da ideia bíblica de jejum. Jesus incentiva a viver essa prática em segredo.

O assunto é discutido amplamente na Bíblia, tanto no Antigo como no Novo Testamento. Moisés jejuou duas vezes por um período de quarenta dias (Deuteronômio 9:9,18). Josué jejuou depois da derrota em Ai (Josué 7:6). O rei Davi jejuou (Salmo 35:13). Elias, Esdras, Neemias, Ester, Daniel e todo o povo de Israel jejuaram. No Novo Testamento, o próprio Jesus jejuou (Mateus 4:2). E os líderes da igreja primitiva oravam e jejuavam para escolher pessoas para uma missão (Atos 13:2,3).

Na história posterior da igreja encontramos essa prática. Martinho Lutero foi criticado por jejuar demais. João Calvino jejuou pela conversão da população de Genebra e alcançou muitos resultados. John Wesley jejuava duas vezes por semana. Charles Finney, quando sentia que a ação do Espírito começava a reduzir-se em suas reuniões, proclamava um jejum de três dias e, então, percebia novamente o agir de Deus.

Mas o que é o jejum? O jejum, na palavra de Deus, refere-se à abstenção de alimentos para finalidades espirituais. É uma forma de autonegação e disciplina pessoal por causa de Deus e do Seu reino. Wesley Duewel, norte-americano que foi missionário na Índia por 25 anos e presidiu a organização *One Mission Society*, (Sociedade Missionária) diz o seguinte a respeito da prática: "Jejum, no sentido bíblico, é decidir não comer porque sua fome espiritual é tão profunda, sua determinação em interceder tão intensa, ou sua luta espiritual tão exigente que você abandona temporariamente até mesmo as necessidades carnais para dedicar-se à oração e meditação." Mesmo realizando nossas atividades diárias, podemos manifestar interiormente a Deus esse sentimento.

Existem, basicamente, duas formas de jejum: o jejum parcial e o jejum absoluto. No parcial a pessoa se abstém de alimentos, mas não de água. No jejum absoluto ela se abstém de água e alimento. É importante salientar que o jejum absoluto deve ser realizado com muita cautela e não por mais do que três dias. A prática do jejum é um assunto pessoal entre o cristão e Deus. É Deus quem vai orientar o indivíduo sobre qual forma utilizar.

Nas palavras de Jesus sobre o jejum, fica evidente que é possível fazer mau uso dele. Uma das manifestações de mau uso do jejum se revela em seu aspecto exterior. Não se pode jejuar com a finalidade de que isso apareça para os outros. Isso equivale a usar o jejum como um meio de se mostrar mais espiritual do que outras pessoas. Além disso, não se deve usar o jejum como meio para receber bênçãos de Deus. A finalidade do jejum é sempre espiritual!

Ao observar que não podiam expulsar determinado demônio de um menino, os discípulos perguntaram a Jesus: "Por que não conseguimos expulsá-lo?" (Mateus 17:19). Jesus respondeu que, com fé, nada é impossível, mas que aquela espécie "só sai pela oração e pelo jejum" (v.21). Essa passagem recorda que a prática do jejum está relacionada com a batalha espiritual que o cristão enfrenta diariamente. Podemos vencê-la, se colocarmos o jejum na lista de estratégias que Deus nos dá.

Que o foco do seu jejum seja agradar o Senhor! Que sua motivação seja em resposta ao chamado de Deus para viver mais intensamente com Ele. Que o objetivo seja humilhar-se diante de Deus para arrepender-se dos pecados e buscar uma disciplina santa para a alma. É bom lembrar que Satanás odeia o jejum e fará de tudo para que você não o pratique.

Você vai permitir?

▌ E agora?

Você já praticou o jejum em sua vida com Jesus? Caso positivo, lembra quando foi a última vez? Retome essa prática na sua vida espiritual. Caso negativo, já pensou em tentar praticar? Lembre-se de que você deve começar aos poucos!

38

Orando como Jesus

"Por isso lhes digo: Peçam, e lhes será dado; busquem, e encontrarão; batam, e a porta lhes será aberta" (Lucas 11:9).

Aos olhos do nosso tempo, Jesus não teria sido um exemplo de sucesso. Nasceu em uma família pobre, aprendeu o ofício do pai e tinha pela frente uma vida difícil como todos os demais da Sua época. Não casou e não teve filhos, maior herança que se poderia ter na época. Optou por abandonar a carreira e passou a ser um andarilho contador de histórias. Nessas histórias se apresentava como o Messias, Filho de Deus — o que o fez ser considerado louco por muita gente.

Essa postura alimentou o ódio e a inveja. Durante um curto período de Sua vida foi popular, aclamado pelo povo porque dava às pessoas a esperança de liberdade. Viveu até os 33 anos, uma expectativa de vida baixa, mesmo para a Sua época. Foi condenado à morte de forma humilhante, com criminosos.

Mas o que movia Jesus a ponto de aceitar Seu destino e, com isso, se tornar um exemplo de sucesso?

Pela ótica de Jesus, obediência era o que bastava. Não importava a situação, Ele sabia que o sucesso na Sua vida não era exercer a Sua realeza por um ponto de vista humano.

Nenhum sucesso terreno compensaria o fracasso da missão dada pelo Pai.

Para realizar Sua missão, o maior recurso disponível para Jesus era a oração, presente a todo tempo na vida de Jesus: ao ser anunciado a Maria, em Seu batismo, antes de ser tentado no deserto, nos diversos encontros durante Sua peregrinação, no Getsêmani e na cruz, por exemplo. Esse comportamento era conhecido. Muitas vezes Ele orava em público, noutras pedia que alguns discípulos o acompanhassem quando se retirava para orar em algum lugar. E deixou indicações para que Seus seguidores, a qualquer tempo, entendessem a questão.

Uma dessas indicações está na história conhecida como a parábola do amigo inoportuno, que está no livro de Lucas 11:5-9. Nela, Jesus conta a história de um homem que recebeu uma visita tarde da noite e não tinha nada para servir ao visitante, uma grave indelicadeza para a sociedade local, que valorizava muito a hospitalidade. Então o hospedeiro vai à casa de um vizinho e pede três pães emprestados. O vizinho pede para não ser incomodado, porque ele e seus filhos estão descansando. Mas o hospedeiro insiste até ser atendido. "Eu lhes digo: Embora ele não se levante para dar-lhe o pão por ser seu amigo, por causa da importunação se levantará e lhe dará tudo o que precisar", descreve Jesus. Ele conclui: "Peçam, e lhes será dado; busquem, e encontrarão; batam, e a porta lhes será aberta. Pois todo o que pede, recebe; o que busca, encontra; e àquele que bate, a porta será aberta" (vv.9,10).

Essa conclusão não se refere mais à questão dos vizinhos, mas a Deus e à oração. E não é a única parábola de Jesus que traz mensagem semelhante. O livro de Lucas 18 traz a parábola da viúva persistente, em que esta senhora se dirige persistentemente ao juiz, pedindo-lhe que julgue a sua causa. Embora seja um homem desonesto, ele resolve dar ganho de causa à mulher, para que não volte a importuná-lo. "Acaso Deus não fará justiça aos seus escolhidos, que clamam a ele dia e noite? Continuará fazendo-os esperar?", diz Jesus, no versículo 7.

O pastor George Muller, já citado no capítulo 19, foi um dos homens grandemente usados por Deus no século 19. Além de pregar, criou instituições de ensino e apoio aos missionários, além de estabelecer uma rede de orfanatos. Muller mantinha um diário de oração, em que anotava o motivo de suas preces, a data em que começou a orar por tal motivo e a data em que Deus as atendeu. Conta-se que Muller orou pela conversão de um homem durante 27 anos, sem resultados. Comovido pelo seu exemplo de fé, entretanto, essa pessoa confessou Jesus como seu salvador durante o funeral do pastor.

Essa é a verdadeira trajetória de um homem de sucesso, não é mesmo?

E agora?

Da mesma forma que você planeja seus compromissos pessoais em sua agenda, procure elaborar uma agenda de oração. Ela o ajudará a manter a disciplina de interceder continuamente pelos temas importantes para você, e permitirá também manter uma memória das bênçãos que Deus concedeu. Como fazia Muller, anote nela cada motivo de oração e leve-os a Deus durante todo o dia, seja meditando durante o trajeto do ônibus, ao ouvir canções no carro, ou na intimidade do seu quarto.

39

Um segredo desvendado

Mas quando você orar, vá para seu quarto, feche a porta e ore a seu Pai, que está em secreto. Então seu Pai, que vê em secreto, o recompensará (Mateus 6:6).

Tudo o que um bom cristão precisa saber sobre oração está descrito na Bíblia. Não há grande verdade oculta, nem grande segredos, mas ela contém tesouros escondidos em seu interior.

Veja o que diz o livro de Mateus 6:6, o versículo que abre este capítulo. Nele, Jesus ensina a falar com Deus em secreto; ou seja, de uma forma privada, numa conversa particular, como aquela que você tem com um amigo íntimo e querido. Mas o que Ele quer dizer com isso?

Em primeiro lugar, é bom deixar claro que não se trata de proibição de orar em lugares públicos. Você pode, sim, orar na igreja, na célula; pode orar em voz alta intercedendo por pessoas, por exemplo. A oração a que Jesus se refere aqui é aquela em que você abre o seu coração e revela ao Pai as questões mais delicadas de seu dia-a-dia; as dores, os sofrimentos, os comportamentos que o envergonham. É aquela em que você busca a orientação de Deus para questões pessoais que o afligem.

No versículo imediatamente anterior (Mateus 6:5), Jesus condena a maneira como algumas pessoas de Sua época oravam:

de pé, nas sinagogas e nas ruas para serem vistos pelos homens. Jesus os chama de hipócritas. O que os movia era a ilusão de que, sendo vistos a orar em público, seriam reconhecidos como homens tementes a Deus. Jesus foi claro e direto, mas ainda hoje há pessoas que alimentam a mesma ilusão — precisam da aprovação humana, de serem conhecidas como quem ora num belo discurso. Para Deus, entretanto, o que vale é a sinceridade do coração humilde, isento de orgulho ou de busca por elogio.

Jesus, vivendo entre os homens e sabendo de suas necessidades, ensina os discípulos como fazer para adquirir essa atitude. Ele sabe o quanto você se envolve com as circunstâncias exteriores e como se torna difícil desligar-se delas para orar. Por isso Ele aconselha fechar a porta do quarto; esse espaço pessoal e íntimo da casa.

O próprio Jesus foi um pregador itinerante durante parte de Sua vida. Não tinha casa ou quarto particular, mas tinha o costume de se afastar para conversar com o Pai. O livro de Marcos 6:46 relata que, depois de falar a uma multidão às margens do lado de Genesaré, Ele subiu a um monte para orar. Ainda no livro de Marcos 14:32, pouco antes de ser preso, Jesus foi ao jardim de Getsêmani e disse aos discípulos: "Sentem-se aqui enquanto vou orar".

Dona Eugênia, diretora de uma grande instituição de ensino, tinha um hábito salutar: todas as vezes que precisava tomar medidas sérias e difíceis, entrava no seu gabinete e fechava a porta para buscar a direção divina. Depois chamava sua auxiliar imediata, combinava com ela o que fariam e dizia: "Vamos, e que o Espírito Santo nos ilumine." Ela havia aprendido a importância da oração reservada. Sua direção era segura e eficiente, porque ela buscava sempre a direção de Deus na sua vida pessoal e profissional. Ela sabia que o Pai, que vê em secreto, recompensa e orienta.

Entretanto, um cuidado deve ser tomado: nem sempre o fechar a porta do quarto significa verdadeiramente estar com os ouvidos da alma voltados exclusivamente para Deus. Podemos estar sozinhos no quarto, mas com os pensamentos tão ocupados com tantas outras coisas que não conseguimos desfrutar da plena comunhão que gostaríamos. Por outro lado, há também circunstâncias na vida, momentos especiais em que é impossível retirar-se fisicamente. Nesse caso, o isolamento deve ser mental, para buscar a orientação ou o refúgio necessário. E Deus, que vê o que há de secreto no coração, responde.

Retirar-se exige um exercício de disciplina e da vontade, que o cristão de hoje precisa aprender com Jesus. Esse aprendizado inclui ir para o quarto, fechar a porta, desligar a TV, desligar o celular e exercitar uma comunhão íntima, tranquila e pessoal, abafando os ruídos dos pensamentos exteriores para ouvir a voz de Deus. No início pode ser difícil, mas, se houver perseverança, esse exercício diário de fé tende a se tornar tão desejável que jamais será dispensado ou deixado para depois. Torna-se parte vital do dia-a-dia.

E a recompensa? Fica no coração, e você a reconhecerá no momento certo.

▍ E agora?

Peça a Deus que o ajude a se disciplinar e a se organizar de tal modo que tenha seu momento diário de fechar a porta do quarto e ouvir a voz dele. E que essa prática se torne cada vez mais vital.

40

Contatos imediatos

> Deus fez isso para que os homens o buscassem e talvez, tateando, pudessem encontrá-lo, embora não esteja longe de cada um de nós (Atos 17:27).

A IDEIA DE UM CHAMADO especial e irresistível, dirigido diretamente a você, aparece com frequência na moderna cultura de massas. Está presente, por exemplo, em *Contatos Imediatos de 3.º Grau*, um filme clássico de ficção científica, dirigido em 1980 por Steven Spielberg. Nele, o protagonista tem sonhos repetitivos com um lugar que ele não conhece. No seu íntimo, ele parece saber que precisa chegar a esse local, e boa parte do filme mostra a luta do homem com esse chamado.

De certa forma, todos nós também recebemos chamado semelhante. Não é um chamado em busca de homenzinhos verdes, mas, olhando ao nosso redor e em nosso íntimo sabemos que a vida é mais do que apenas aquilo que podemos ver ou tocar. Não conseguimos explicar essa sensação, mas sabemos, com certeza, que há algo mais, algo além de toda a realidade material. Cada um de nós, à sua maneira, tenta descobrir o que é esse "algo mais". A Bíblia fala sobre essa busca, dizendo que nós andamos tateando, como alguém em um lugar escuro. Mas ela também diz que o alvo desta busca não está longe, mas sim muito perto de nós.

A necessidade de buscar algo que transcenda a realidade é indissociável da natureza humana e foi dada pelo próprio Deus. É Ele quem nos chama, é Ele que agita o nosso íntimo e não deixa que nós nos conformemos com o mundo visível.

No século 17, na França, um jovem de apenas 16 anos assombrou o mundo com suas ideias e experimentos na área da matemática, física e mecânica. Ele se chamava Blaise Pascal, e foi, mais tarde, considerado um dos pais da estatística, da mecânica dos fluidos e até da computação. Com 19 anos, ele inventou a primeira calculadora do mundo, mas para ele a ciência não era suficiente. Influenciado por sua irmã, ele começou a questionar a religiosidade vazia e o pensamento pseudocientífico de sua época, que afirmava que Deus não podia existir porque a natureza abomina o vácuo. Seus questionamentos o levaram a entregar sua vida a Cristo em 1654. Uma das suas expressões mais famosas é justamente sobre o vácuo. "Há um vácuo do tamanho de Deus no coração de cada homem", ele disse: "Um vazio que não pode ser preenchido por nada criado, mas apenas pelo Deus Criador, revelado em Jesus Cristo".

A oração é a forma que Jesus ensinou de nos aproximarmos de Deus, de forma a preencher o tal vácuo de que falou Pascal. Ao longo dos 40 capítulos desta obra, você foi apresentado a alguns de seus aspectos. Apenas alguns, porque a comunicação com Deus é algo tão vasto quanto à própria vida. De fato, o ideal seria estar todo o tempo ligado com Ele, como ocorria com Jesus, que era orientado e capacitado pelo Pai a cada passo. "Orem continuamente." A instrução dada pelo apóstolo Paulo no livro de 1 Tessalonicenses 5:17 resume tudo.

Por isso, se a leitura desse livro fez diferença em sua vida devocional, mantenha um tempo dedicado à oração em sua agenda, sempre.

Diário de Oração — **Semana 1**

	Motivos de oração:	Motivos de agradecimento:
dia 1		
dia 2		
dia 3		
dia 4		
dia 5		
dia 6		
dia 7		

Diário de Oração — **Semana 2**

Motivos de oração: | Motivos de agradecimento:

dia 8

dia 9

dia 10

dia 11

dia 12

dia 13

dia 14

Diário de Oração — **Semana 3**

| Motivos de oração: | Motivos de agradecimento: |

dia 15

dia 16

dia 17

dia 18

dia 19

dia 20

dia 21

Diário de Oração — **Semana 4**

Motivos de oração:	Motivos de agradecimento:
dia 22	
dia 23	
dia 24	
dia 25	
dia 26	
dia 27	
dia 28	

Diário de Oração — **Semana 5**

Motivos de oração: | **Motivos de agradecimento:**

dia 29

dia 30

dia 31

dia 32

dia 33

dia 34

dia 35

Diário de Oração — Semana 6

Motivos de oração: | **Motivos de agradecimento:**

dia 36

dia 37

dia 38

dia 39

dia 40

reflexões